29.10.09 → 1. SA

LATEIN LEKTÜRE aktiv!

Helfried Gschwandtner (Hg.)

LATEINISCHE FACHSPRACHE

Texte aus Naturwissenschaften, Jurisprudenz und Medizin

ausgewählt und kommentiert von
Franz-Joseph Grobauer, Lukas Sainitzer und
Wilhelmine Widhalm-Kupferschmidt

- Modul *Fachsprachen und Fachtexte* (4- und 6-jähriges Latein)

öbv
www.oebv.at

Mit Bescheid des Bundesministeriums für Bildung, Wissenschaft und Kultur vom 13. April 2007, GZ 5.018/70–V/9/2006, gemäß § 14 Abs. 2 und 5 des Schulunterrichtsgesetzes, BGBl. Nr. 472/86, und gemäß dem Lehrplan 2004 als für den Unterrichtsgebrauch an allgemein bildenden höheren Schulen für die 7. und 8. Klasse im Unterrichtsgegenstand Latein (vierjähriges und sechsjähriges Latein) geeignet erklärt.

Dieses Werk wurde auf der Grundlage eines zielorientierten Lehrplans verfasst. Konkretisierung, Gewichtung und Umsetzung der Inhalte erfolgen durch die Lehrerinnen und Lehrer.

Schulbuchnummer: **130278**

Liebe Schülerin, lieber Schüler,
Sie bekommen dieses Schulbuch von der Republik Österreich für Ihre Ausbildung.
Bücher helfen nicht nur beim Lernen, sondern sind auch Freunde fürs Leben.

Reihendesign: Fritz Vesely, Wien
Redaktion: Thomas Herok, Wien

1. Auflage

Gestaltung und Satz: Exakta GmbH, Wien
Druck: Grasl Druck & Neue Medien GmbH, Bad Vöslau

ISBN 978-3-209-**05377**-0

[1] *: kennzeichnet Texte, die auch im vierjährigen Latein gut zu bewältigen sind
[2] **WB**: mit Hilfe des Wörterbuchs zu bearbeitende Texte

Vorwort des Herausgebers

Die themenbezogenen Bände der Reihe „LATEIN-LEKTÜRE aktiv!" sind an die Anforderungen der aktuellen Lehrpläne (2004) besonders gut angepasst und enthalten alle Vorzüge, die auch die autorenbezogenen Bände auszeichnen:

- das klare, übersichtliche Layout (Doppelseitenprinzip)
- Texte, die auf das Interesse der Lernenden abgestimmt sind
- das sorgfältig ausgewählte Lektionsvokabular, das aus den Vokabeln besteht, die für das jeweilige Thema wichtig und typisch sind
- den reichhaltigen Fußnotenapparat, der das Erarbeiten der Texte sehr erleichtert und ein zügiges Übersetzen ermöglicht
- die vielfältigen Anregungen im Zusammenhang mit den Texten und über die Texte hinaus

Jedem, der Latein lernen will, soll das Erlernen möglich gemacht und die Auseinandersetzung mit lateinischen Texten anregend und interessant gestaltet werden. Die Reihe „LATEIN-LEKTÜRE aktiv!" ist diesem Ziel gewidmet. In diesem Sinn wünsche ich allen, die unsere Bände verwenden, viel Erfolg und Vergnügen!

Wien, im Sommer 2007
Helfried Gschwandtner

Aus dem aktuellen Lehrplan

Der seit dem Schuljahr 2004/05 gültige Oberstufenlehrplan sieht für sechsjähriges und vierjähriges Latein innerhalb der 7. und 8. Klasse ein Modul **Fachsprachen und Fachtexte** vor:

„Erschließung fachsprachlicher Termini aus Bereichen wie Medizin, Naturwissenschaften, Mathematik und Recht mit Hilfe des bisher erworbenen Wortschatzes und der Wortbildungslehre; anhand der Lektüre von Sachtexten wichtige wissenschaftliche Erkenntnisse von der Antike bis zur Neuzeit nachvollziehen und Latein als zentrale und prägende Sprache der Wissenschaft kennen lernen."

Latein als Sprache der Wissenschaften

Nach dem Ende des Imperium Romanum lebte **Latein als die Sprache der römischen Verwaltung und der römischen Kirche** in Europa weiter, sogar auch in Gebieten, die ursprünglich nicht zum Imperium Romanum gehört hatten (z.B. Irland, Nordeuropa, ...). In Hinblick auf die lateinische Wissenschaftssprache ist bedeutend, dass es zunächst die Kirche war, die den **in der Antike geschaffenen europäischen Bildungskanon** bewahrte und damit Latein als die der Kirche eigene Kultursprache **für mehr als ein Jahrtausend als die einzige Sprache der Wissenschaft** etablierte. Die antike Bildung wirkte direkt beispielsweise durch Werke wie die *Naturalis Historia* des **Plinius maior** bis ins 16. / 17. Jhdt., als die Methoden der modernen Naturwissenschaften entwickelt wurden. Die *Naturalis Historia* wurde bis dahin als allgemein anerkanntes Nachschlagewerk benützt. Das **Zeitalter des Humanismus** mit seinem bewussten Rückgriff auf die Antike schuf viele auf dem Lateinischen und Altgriechischen beruhende wissenschaftliche Begriffe, sodass man ohne Latein weder Bildung erlangen noch in Publikationen ein entsprechendes Fachpublikum erreichen konnte. Dabei darf der **überregionale Aspekt des Latein** nicht vergessen werden: Latein hatte damals die Funktion, die heute das Englische erfüllt: Will man heute in egal welcher Disziplin mit entsprechender Verbreitung ernsthaft arbeiten und publizieren, muss man der internationalen Wissenschaftssprache Englisch mächtig sein. Heute arbeiten **alle Wissenschaftsdisziplinen** mit einer vorwiegend auf Latein (und Altgriechisch) basierenden Nomenklatur. Die Einleitungen wissenschaftlicher Editionen im Bereich vieler Geisteswissenschaften (Theologie, Philosophie, Philologie, ...) werden auch heute noch oft in Latein geschrieben.

Einige berühmte, in Latein verfasste wissenschaftliche Werke:

- **Thomas More**, Utopia (1516)
- **Nikolaus Kopernikus**, De revolutionibus orbium caelestium libri VI (1542)
- **Johannes Kepler**, Mysterium Cosmographicum (1596)
- **Francis Bacon**, Novum Organum (1620)
- **Galileo Galilei**, Phisikomathematica (1623)
- **William Harvey**, De motu cordis et sanguinis in animalibus (1628)
- **René Descartes**, Meditationes de prima philosophia (1641)
- **Gottfried Leibniz**, De principio individui (1663)
- **Isaac Newton**, Philosophiae naturalis principia mathematica (1687)
- **Carl von Linné**, Systema Naturae (1735)
- **Luigi Galvani**, De viribus electricitatis in motu musculari commentarius (1791)
- **Alexander von Humboldt**, Florae Frigbergensis specimen (1793)
- **Carl Friedrich Gauß**, Disquisitiones arithmeticae (1801)

Wortneubildungen in der Sprache der Wissenschaften

Die ständige Weiterentwicklung hat die Erarbeitung neuer Fachausdrücke zur Folge. Diese werden aus lateinischen/latinisierten Wörtern gebildet und folgen dem klassischen Muster (Stowasser, p[1]. XIII ss[2].) sowie darüber hinaus in manchen Wissenschaften noch weiteren sehr genauen Vorschriften[3]. Es sollen hier nur einige Beispiele angeführt werden:

- **Bildung von Substantiven aus Adjektiven mittels Suffix:**
  z.B. **adiposus**, -a, -um („fett") ➛ **adipositas** (*medizinisch*: „Fettleibigkeit")
- **Bildung von Adjektiven durch Ableitung von Verben mittels Suffix:**
  z.B. **-bilis** (= „-lich", „-bar"): **solvo** ➛ **solubilis** (*medizinisch/pharmazeutisch*: „löslich")
- **Bildung von Adjektiven durch Ableitung von Substantiven mittels Suffix:**
  z.B. **-alis** (Zugehörigkeit): **officina** ➛ **officinalis** (*botanisch*: in Apotheken – lat. **officina** – als Heilmittel benutzt)
  z.B. **-eus** (stoffliche Eigenschaft): **cutis** („Haut") ➛ **subcutaneus** (*medizinisch*: unter der Haut liegend)

Exkursion in den akademischen Sprachgebrauch

cand. med.	candidatus[4] medicinae
Dr. iur.	doctor[5] iuris
Dr. med.	doctor medicinae
Dr. med. vet.	doctor medicinae veterinariae
Dr. rer. nat.	doctor rerum naturalium
Dr. rer. oec.	doctor rerum oeconomicarum
Dr. rer. pol.	doctor rerum politicarum
Dr. theol.	doctor theologiae
Dr. h.c.	doctor honoris causa
aud. max.	auditorium maximum (großer Hörsaal)
c.t. (= cum tempore)	mit „akademischem Viertel" = 15 Min. nach Zeitangabe
s.t. (= sine tempore)	pünktlicher Beginn
summa cum laude	ausgezeichnet
magna cum laude	sehr gut

1 **p.** = **pagina**, -ae *f.*: Seite

2 **ss** = <et> **s**<equente>**s** (**s** = **s**<equens>)

3 *Zur zoologischen Nomenklatur im Detail: International Code of Zoological Nomenclature, Homepage der International Commission on Zoological Nomenclature, www.iczn.org.*

4 **candidatus**, -a, -um: mit der *toga candida* (**candidus**, -a, um: weiß) bekleidet (*im antiken Sinn*: Amtsbewerber, der an seiner weißen Toga noch keinen Purpurstreifen als Zeichen eines bereits bekleideten öffentlichen Amtes trägt)

5 **doctor**, doctoris *m.*: *eigentl.* „Lehrer" (*Wer nach mittelalterlichem Bildungsschema das Studium absolviert hatte, war berechtigt, zu lehren.*)

Häufige Vokabel in medizinischen Texten

adversus, -a, -um	widrig
aeger, aegra, aegrum	krank
aegritudo, aegritudinis *f.*	Krankheit
aegroto 1	krank sein
bal(i)neum, -i *n.*	Bad
calidus, -a, -um	warm
contineo 2, continui, -tentum	behalten; zurückhalten; umfassen; enthalten
cibus, -i *m.*	Speise
cor, cordis *n.*	Herz
communis, commune	gemeinsam; allgemein
concoquo 3, concoxi, -coctum	verdauen
curatio, curationis *f.*	Heilung; Heilmethode
curo 1	behandeln; sich sorgen (*um*)
dolor, doloris *m.*	Schmerz
frigidus, -a, -um	kalt
humidus, -a, -um	feucht; flüssig
humor, humoris *m.*	Flüssigkeit; Feuchtigkeit
igitur	also
integer, integra, integrum	unversehrt
lex, legis *f.*	Gesetz; Regelmäßigkeit
malum, -i *n.*	Übel
medeor 2 (+ *Dat.*)	heilen
medicor 1	heilen
medicus, -i *m.*	Arzt
modo ... modo	bald ... bald
muliebris, muliebre	Frauen-...
necessarius, -a, -um	notwendig
necessitas, necessitatis *f.*	Notwendigkeit
oportet 2, oportuit, –	es ist nötig
pulmo, pulmonis *m.*	Lunge
ratio, rationis *f.*	Vernunft; Berechnung; Art
reddo 3, reddidi, -ditum	machen (zu); zurückgeben
sanguis, sanguinis *m.*	Blut
sanitas, sanitatis *f.*	Gesundheit
sano 1	heilen
sanus, -a, -um	gesund
secundus, -a, -um	günstig; gut
servo 1	bewahren; erhalten; einhalten
siquidem	weil ja
valetudo, valetudinis *f.*	Gesundheitszustand
vel	oder; wohl
ventriculus, -i *m.*	Kammer; Magen
virilis, virile	Männer-...

Medizin in Sprichwörtern
Erarbeite mit Hilfe des Wörterbuchs:

- Principiis obsta![1]
- Nil nocere![2]
- Contra vim mortis non est medicamen in hortis.
- Medicus curat, natura sanat.
- Similia similibus curantur[3].
- Orandum est, ut sit mens sana in corpore sano.[4]
- Quae medicamenta non sanant, ferrum sanat; quae ferrum non sanat, ignis sanat; quae vero ignis non sanat, insanabilia reputari oportet.[5]

1 Ovid, rem. am. 91
2 Hippokrates, Epidemien 1,11
3 Samuel Hahnemann (Begründer der homöopathischen Medizin) in seinem „Organon der rationellen Heilkunde" (1810)
4 Iuvenal, Satirae 10,356
5 lat. Übersetzung von Hippokrates, Aphorismen 7,87

Der Eid des Hippokrates (I)

(1) Apollinem medicum et Aesculapium Hygeamque[1] ac Panaceam[2] iuro deosque omnes itemque deas testes facio me hoc ius iurandum et hanc contestationem[3] pro viribus et iudicio meo integre servaturum esse:

(2) Ich werde den, der mich diese Kunst gelehrt hat, gleich meinen Eltern achten, ihn an meinem Unterricht teilnehmen lassen, ihm, wenn er in Not gerät, von dem Meinigen abgeben, seine Nachkommen gleich meinen Brüdern halten und sie diese Kunst lehren, wenn sie sie zu lernen verlangen, ohne Entgelt und Vertrag. Und ich werde an Vorschriften, Vorlesungen und aller übrigen Unterweisung meine Söhne und die meines Lehrers und die vertraglich verpflichteten und nach der ärztlichen Sitte vereidigten Schüler teilnehmen lassen, sonst aber niemanden.

(3) Ceterum quod ad aegros attinet[4] sanandos, diaetam ipsis constituam pro facultate[5] et iudicio meo commodam, omneque detrimentum[6] et iniuriam ab eis prohibebo.

(4) Neque[7] vero ullius preces apud me adeo validae erunt, ut cuiquam venenum sim propinaturus[8], neque etiam ad hanc rem consilium dabo. Similiter autem neque mulieri talum[9] vulvae subditicium ad corrumpendum conceptum[10] vel fetum[11] dabo. Porro caste[12] et sancte vitam et artem meam conservabo.

(5) Nec vero calculo[13] laborantes secabo, sed viris chirurgiae[14] operariis eius rei faciendae locum dabo.

(*Fortsetzung auf Seite 10*)

1 **Hygea**, -ae *f.*: „Gesundheit“ (*Äskulaptochter*)
2 **Panacea**, -ae *f.*: „Allheilerin” (*Äskulaptochter*)
3 **contestatio**, contestationis *f.*: Bezeugung
4 **attineo 2 ad** (+ *Akk.*): es betrifft
5 **facultas**, facultatis *f.*: Fähigkeit; **commodam … diaetam**
6 **detrimentum**, -i, *n.*: Schaden
7 **neque … ullius**: *Gen. zu*: **nemo**
8 **propino 1**: verabreichen
9 **talus** (-i *m.*) **vulvae subditicius**: Abtreibungsmittel (*eigentl.*: Gerät, das in die Scheide eingeführt wird)
10 **conceptus**, conceptus *m.*: Empfängnis
11 **fetus**, fetus *m.*: Leibesfrucht
12 **castus**, -a, -um: (sitten)rein
13 **calculus**, -i *m.*: Stein (*in der Blase*)
14 **chirurgia**, -ae *f.*: Chirurgie

Hippokrates von Kos
(Kopie einer antiken Porträtbüste. Uffizien, Florenz)

VOCABULARIUM

Apollo, Apollinis *m.*	Apoll (*Heilgott*)	**adeo** (*Adv.*)	so sehr
Aesculapius, -i *m.*	Äskulap (*Apolls Sohn; Heilgott*)	**validus**, -a, -um	stark
		venenum, -i *n.*	Gift
iuro 1 (+ *Akk.*)	schwören (*bei*)	**corrumpo 3**, corrupi, -ruptum	verderben
testis, testis *m.*	Zeuge		
pro (+ *Abl.*)	im Verhältnis zu; für	**porro** (*Adv.*)	weiters
		laboro 1	sich abmühen; *hier*: leiden (*an*)
diaeta, -ae *f.*	gesunde Lebensweise	**seco 1**, secui, sectum	schneiden
commodus, -a, -um	vorteilhaft *hier*: passend	**operarius**, -a, -um (+ *Gen.*)	tätig (*in*)

Die Anfänge der griechischen Medizin

*Schon die **homerischen Epen** kennen Ärzte, die ihr Handwerk vom Vater auf den Sohn vererbten. Besondere Bedeutung erlangte in der Frühzeit die so genannte **Tempel-Medizin**. Die Kranken begaben sich zu religiösen Stätten, vor allem jenen des Heilgottes **Asklepios** (lat. **Äskulap**), wo ihnen hygienische und kultische Vorschriften gegeben wurden. Heilung erhoffte man sich vor allem durch den „Tempelschlaf" (**Inkubation**). Das bekannteste solche Heiligtum befand sich in **Epidaurus**.*
*Gleichzeitig mit dem Aufkommen der Philosophie etablierten sich eigene Arztfamilien (**Asklepiaden**), die frei tätig waren und sich ausschließlich rationaler Heilmethoden bedienten. Sie untersuchten das Wesen und die Ursachen von Krankheiten (**Pathologie**) und den Aufbau des menschlichen Körpers.*
*Aus einer Arztfamilie stammte auch der berühmteste Arzt der Antike, **Hippokrates von Kos** (um 460 – 370 v. Chr.). Auf ihn geht der so genannte „**Hippokratische Eid**" zurück, den über Jahrhunderte hindurch jeder Arzt zu leisten hatte. Seine lateinische Fassung stammt von **Janus Cornarius** (16. Jhdt.). Auch das bis heute gültige **Genfer Ärzte-Gelöbnis**, das 1948 erstmals und zuletzt 1994 neu formuliert wurde, leitet sich von* diesem Eid ab.

Asklepios/Äskulap
(Zeichnung nach einer antiken Statue. Louvre, Paris)

Der Eid des Hippokrates (II)

(6) In quascumque autem domos ingrediar, ob utilitatem[1] aegrotantium intrabo[2], ab omnique iniuriā voluntariā[3] inferendā et corruptione[4] cum aliā, tum praesertim operum[5] veneriorum abstinebo, sive muliebria sive virilia, liberorumve hominum aut servorum corpora mihi contigerint curanda[6].

(7) Quaecumque vero inter curandum videro aut audivero, immo etiam ad medicandum non adhibitus in communi hominum vita cognovero, ea, siquidem efferre[7] non contulerit, tacebo[8] et tamquam arcana[9] apud me continebo.

(8) Hoc igitur ius iurandum mihi integre servanti et non confundenti[10] contingat et vitā et arte feliciter[11] frui[12] et apud omnes homines in perpetuum gloriam meam celebrari. Transgredienti[13] autem et peieranti[14] his contraria eveniant[15].

1 **utilitas**, utilitatis *f.*: Nutzen
2 **intro 1**: hineingehen
3 **voluntarius**, -a, -um: vorsätzlich
4 **corruptio**, corruptionis *f.*: Missbrauch
5 **cum aliā, tum praesertim operum veneriorum**: sowohl jedem sonstigen (Missbrauch) als auch einem in sexueller Hinsicht
6 **curanda** (*Gerund*): zur Behandlung
7 **effero**, -ferre: *hier*: ausplaudern
8 **taceo 2**: (ver)schweigen
9 **arcanum**, -i *n.*: Geheimnis
10 **confundo 3**, confudi, -fusum: (den Eid) brechen; **servanti / confundenti** *Part.coni. zu* **mihi**
11 **felix** (*Gen.*: felicis): glücklich
12 **fruor**, frueris, frui (+ *Abl.*): genießen
13 **transgredior**, -eris, -i, transgressus sum: dagegen verstoßen; **‹mihi› transgredienti … et peieranti**
14 **peiero 1**: meineidig werden
15 **evenio 4**: zustoßen

Das Genfer Ärzte-Gelöbnis (1994)

„Bei meiner Aufnahme in den ärztlichen Berufsstand: Ich gelobe feierlich, mein Leben in den Dienst der Menschlichkeit zu stellen. Ich werde meinen Lehrern die Achtung und Dankbarkeit erweisen, die ihnen gebührt. Ich werde meinen Beruf mit Gewissenhaftigkeit und Würde ausüben. Die Gesundheit meines Patienten soll oberstes Gebot meines Handelns sein. Ich werde die mir anvertrauten Geheimnisse auch über den Tod des Patienten hinaus wahren. Ich werde mit allen meinen Kräften die Ehre und die edle Überlieferung des ärztlichen Berufes aufrechterhalten. Meine Kolleginnen und Kollegen sollen meine Schwestern und Brüder sein. Ich werde mich in meinen ärztlichen Pflichten meinem Patienten gegenüber nicht beeinflussen lassen durch Alter, Krankheit oder Behinderung, Konfession, ethnische Herkunft, Geschlecht, Staatsangehörigkeit, politische Zugehörigkeit, Rasse, sexuelle Orientierung oder soziale Stellung. Ich werde jedem Menschenleben von seinem Beginn an Ehrfurcht entgegenbringen und selbst unter Bedrohung meine ärztliche Kunst nicht in Widerspruch zu den Geboten der Menschlichkeit anwenden. Dies alles verspreche ich feierlich, frei und auf meine Ehre."

VOCABULARIUM

ingredior, ingréderis, ingredi, ingressus sum	betreten
cum … tum	sowohl … als auch
praesertim (*Adv.*)	besonders
abstineo 2, abstinui, -tentum	sich enthalten
sive / seu	sei es, dass … oder
-ve (*vgl.* **-que**)	oder
contingo 3, contigi, -tactum	zuteil werden (*oft unpersönl.*)
immo (*Adv.*)	ja (*berichtigend*); nein (*ablehnend*)
adhibeo 2	hinzuziehen; verwenden
confero, confers, -ferre, contuli, collatum	*hier*: *unpers.*: es ist zuträglich
in perpetuum	auf immer
celebro 1	feiern
contrarius, -a, -um	gegenteilig

Die Sparten antiker Medizin

Die älteste Sparte antiker Medizin war die ***Diätetik****, die Lehre von der gesunden Lebensweise. Sie gab Vorschriften für die tägliche Lebensweise, die nicht nur Kranke heilen, sondern auch Gesunde gesund erhalten sollten. Sie umfasste hygienische Maßnahmen, Ernährung und physio-therapeutische Behandlungsmethoden wie Bäder, Massagen und Bewegungstherapie. Nach und nach bildeten sich noch* ***andere medizinische Teildisziplinen*** *heraus:*

- die **Pathologie**, die Lehre von den Krankheiten
- die **Physiologie**, die Lehre von den Vorgängen im Körper
- die **Anatomie** („Aufschneiden"), die Lehre vom Aufbau des Körpers
- die **Pharmakologie**, die Lehre von den Arzneimitteln
- die **Chirurgie**, die „Handarbeit" beim tatsächlichen operativen Eingriff

ACTIVA ET CONTEMPLATIVA

- Mit welchen Formulierungen erinnert das Genfer Ärzte-Gelöbnis noch an den Hippokratischen Eid? Wo ergeben sich zeitbedingte Unterschiede?
- Wo können sich für Ärzte in der heutigen Gesellschaft in Bezug auf ihr Gelöbnis Konflikte ergeben? Sollen deiner Meinung nach Ärzte moralischen Richtlinien verpflichtet sein? Begründe deine Ansicht!

Chirurgische Instrumente aus römischer Zeit

Die Lehre von den vier Körpersäften

Die ursprünglich von Hippokrates stammende Lehre von den vier Körpersäften war bis ins 18. Jahrhundert in der Heilkunde dominant. Im folgenden Text wird das etymologische (griech. = die Herkunft der Wörter betreffende) Interesse des ***Isidor von Sevilla*** *deutlich, wobei er aber oft vorschnelle und nach heutigen sprachwissenschaftlichen Erkenntnissen falsche Schlüsse zieht.*

Sanitas est integritas corporis et temperantia[1] naturae ex calido et humido, quod est sanguis. Unde et sanitas dicta[2] est, quasi sanguinis status. Morbi[3] generali vocabulo omnes passiones[4] corporis continentur; quo[5] inde veteres morbum nominaverunt, ut ipsa appellatione[6] mortis vim, quae ex eo[7] nascitur, demonstrarent. Inter sanitatem autem et morbum media est curatio; quae nisi morbo congruat, non perducit[8] ad sanitatem. (...)

Morbi omnes ex quattuor nascuntur humoribus, id[9] est ex sanguine et felle[10], melancholia[11] et phlegmate[12]. Sicut autem quattuor sunt elementa, sic et quattuor humores, et unusquisque humor suum elementum imitatur[13]: sanguis aerem, cholera[14] ignem, melancholia terram, phlegma aquam. Et sunt quattuor humores, sicut quattuor elementa, quae conservant corpora nostra. (...)

Ex his quattuor humoribus reguntur[15] sani, ex ipsis laeduntur infirmi[16]. Dum[17] enim amplius[18] extra cursum naturae creverint, aegritudines faciunt. Ex sanguine autem et felle acutae passiones nascuntur, quas Graeci oxéa[19] vocant. Ex phlegmate vero et melancholia veteres[20] causae procedunt, quas Graeci chrónia[21] dicunt.

1 **temperantia**, -ae *f.*: *hier:* ausgewogener Zustand
2 **dico 3**, dixi, dictum: *hier:* benennen
3 **morbi generali vocabulo**: im ganzen Wort „Krankheit"
4 **passio**, passionis *f.*: Leiden
5 **quo**: deswegen
6 **appellatio**, appellationis *f.*: Benennung
7 **eo ‹morbo›**
8 **perducit = ducit**
9 **id est**: das heißt
10 **fel**, fellis *n.*: Galle
11 **melancholia**, -ae *f.*: schwarze Galle
12 **phlegma**, phlegmatis *n.*: Schleim
13 **imitor 1**: nachahmen; gleichkommen
14 **cholera**, -ae *f.*: Galle (*griech. Entsprechung zum lat.* **fel**)
15 **rego 3**, rexi, rectum: lenken; leiten
16 **infirmus**, -a, -um: krank
17 **dum** (*Konj.*): *hier:* sobald
18 **amplius extra cursum naturae**: über den natürlichen Zustand hinaus
19 **oxéa** (*griech.*) *n.Pl.*: akute Krankheiten
20 **veteres causae**: *hier:* lange bestehen bleibende Krankheitsgründe
21 **chrónia** (*griech.*) *n.Pl.*: chronische Krankheiten

VOCABULARIUM

integritas, integritatis *f.*	Unversehrtheit	**aër**, aëris *m.*	Luft
congruo 3, congrui, – (+ *Dat.*)	entsprechen	**laedo 3**, laesi, laesum	verletzen; beschädigen
sicut	so wie	**cursus**, cursus *m.*	Lauf; Bahn
elementum, -i *n.*	Element; Grundstoff	**cresco 3**, crevi, cretum	wachsen
		acutus, -a, -um	heftig; akut

Die griechische Medizin nach Hippokrates

In hellenistischer Zeit entwickelten sich unter dem Einfluss unterschiedlicher philosophischer Systeme konkurrierende Ärzteschulen. Die ***empirische*** *Ärzteschule ging aus der* ***skeptischen Akademie*** *hervor, die* ***methodische*** *leitete sich von* ***Epikur*** *ab, die* ***pneumatische*** *wiederum berief sich auf* ***stoisches*** *Gedankengut.*
Im 2. Jhdt. n. Chr. fasste der Grieche ***Galenos****, der als letzter großer Vertreter wissenschaftlicher Medizin in der Antike gilt, das medizinische Wissen seiner Zeit zusammen und ergänzte es um eigene Forschungen. Dabei nahm er medizinisch wie philosophisch einen* ***eklektischen Standpunkt*** *ein, d.h. er wählte unter den diversen Richtungen das seiner Meinung nach Richtige aus. Galenos, der auch Leibarzt des Kaisers* ***Mark Aurel*** *war, hinterließ ein umfangreiches Schrifttum, das über Jahrhunderte hindurch die Medizin(er) beeinflusste.*

ACTIVA ET CONTEMPLATIVA

- Im Werk „Etymologiae" des Isidor von Sevilla stehen oft – wie der Titel schon sagt – sprachgeschichtliche Herleitungen im Mittelpunkt des Interesses. Wie erklärt Isidor die Wörter ***sanitas*** und ***morbus***? Recherchiere die Etymologie dieser Wörter! Hat Isidor mit seinen Herleitungen völlig Unrecht?
- Die Körpersäfte werden auch mit Eigenschaften von Menschen in Verbindung gebracht: Ordne in der Tabelle die vier Säfte den vier Elementen zu und suche dann die dazu passenden Charaktereigenschaften nach der **modernen Temperamentenlehre**!

Körpersaft	Temperament	Eigenschaft	Element
Blut			
Schleim			
Galle			
schwarze Galle			

Wie soll der gesunde Mensch leben?

***Aulus Cornelius Celsus** schrieb unter Tiberius (1. Jhdt. n. Chr.) eine lateinische Enzyklopädie: „**Artes**“ (Künste). Erhalten haben sich davon nur acht Bücher „**De medicina**“. Sie basieren auf griechischen Vorlagen und stellen für die Medizingeschichte der hellenistischen Zeit eine wichtige Quelle dar.*

Sanus homo, qui et bene valet et suae[1] spontis est, nullis obligare se legibus debet ac neque medico neque ïatraliptā[2] egere. Hunc oportet varium habere vitae genus: modo ruri[3] esse, modo in urbe, saepiusque in agro, navigare[4], venari[5], quiescere[6] interdum, sed frequentius se exercere, siquidem ignavia[7] corpus hebetat[8], labor firmat[9], illa maturam senectutem, hic longam adulescentiam[10] reddit. Prodest etiam interdum balineo, interdum aquis frigidis uti; modo ungui[11], modo id ipsum neglegere; nullum genus cibi fugere, quo populus utatur; interdum in convictu[12] esse, interdum ab eo se retrahere[13]; modo plus[14] iusto, modo non amplius adsumere[15]; bis die potius[16] quam semel cibum capere, et semper quam plurimum, dummodo[17] hunc concoquat. Sed ut huius generis exercitationes cibique necessarii sunt, sic athletici[18] supervacui[19]. Nam et intermissus propter civiles[20] aliquas necessitates ordo exercitationis corpus adfligit[21], et ea corpora, quae more eorum[22] repleta sunt, celerrime et senescunt[23] et aegrotant. (...) Haec firmis[24] servanda sunt, cavendumque, ne in secundā valetudine adversae praesidia[25] consumantur.

1 **suae spontis esse**: Herr seiner selbst sein
2 **ïatraliptes**, -ae *m.*: Masseur
3 **ruri** (*Lokativ*): auf dem Land
4 **navigo 1**: segeln
5 **venor 1**: jagen
6 **quiesco 3**, quievi, quietum: ruhen
7 **ignavia**, -ae *f.*: Trägheit
8 **hebeto 1**: kraftlos machen
9 **firmo 1**: kräftigen
10 **adulescentia**, -ae *f.*: Jugendlichkeit
11 **unguo 3**, unxi, unctum: mit Salböl einreiben
12 **convictus**, convictus *m.*: Geselligkeit
13 **retraho 3**, retraxi, -tractum: zurückziehen
14 **plus iusto**: über Gebühr
15 **adsumo 3**, adsumpsi, -sumptum: (Nahrung) zu sich nehmen
16 **potius** (*Adv.*): eher
17 **dummodo** (+ *Konj.*): wenn nur
18 **athleticus**, -a, -um: von Athleten
19 **supervacuus**, -a, -um: überflüssig
20 **civilis**, civile: bürgerlich
21 **adfligo 3**, adflixi, -flictum: beeinträchtigen
22 **eorum**: *gemeint sind die Athleten*
23 **senesco 3**, senui, –: altern
24 **firmus**, -a, -um: kräftig
25 **praesidia**, -orum *n. Pl.* (+ *Gen.*): Abwehrkräfte (*gegen*); **adversae ‹valetudinis› praesidia**

VOCABULARIUM

obligo 1	verpflichten
egeo 2, egui, –	nötig haben
varius, -a, -um	verschiedenartig
interdum (*Adv.*)	bisweilen
frequens (*Gen.*: frequentis)	häufig
exerceo 2	üben
maturus, -a, -um	frühzeitig
senectus, senectutis *f.*	Greisenalter
prosum, prodes, prodesse, profui, –	nützen
iustus, -a, -um	gerecht
amplius (*Adv.*)	mehr
bis	zweimal
semel	einmal
plurimus, -a, -um	am meisten
exercitatio, exercitationis *f.*	Übung
intermitto 3, intermisi, -missum	unterlassen
ordo, ordinis *m.*	Reihe
repleo 2, replevi, -pletum	anfüllen
caveo 2, cavi, cautum (**ne** + *Konj.*)	sich hüten (*dass*)

ACTIVA ET CONTEMPLATIVA

- Worin zeichnet sich für Celsus die richtige Lebensführung eines gesunden Menschen aus? Welche Aussagen scheinen dir plausibel, welche muten seltsam an?
- Welcher Sparte der Medizin (vgl. S. 11) würdest du diesen Text zuordnen?

„Prodest etiam interdum balineo, interdum aquis frigidis uti.“
(Hans Sebald Beham, „Der Jungbrunnen“. Holzschnitt, um 1530)

Worauf soll man bei schwacher Gesundheit achten?

Celsus wendet sich nun den Menschen zu, deren Konstitution eine weniger robuste ist:

At imbecillis[1], quo in numero magna pars urbanorum[2] omnesque paene cupidi litterarum sunt, observatio maior necessaria est, ut, quod vel corporis vel loci vel studii ratio detrahit[3], cura restituat. Ex his igitur, qui bene concoxit, mane tuto surget; qui parum, quiescere[4] debet, et si mane surgendi necessitas fuit, redormire[5]; qui non concoxit, ex[6] toto conquiescere ac neque labori se neque exercitationi neque negotiis credere; qui crudum sine praecordiorum dolore ructat[7], is ex[8] intervallo aquam frigidam bibere et se nihilo[9] minus continere. (…) Commode vero exercent clara lectio[10], arma, pila[11], cursus, ambulatio, atque haec non utique plana commodior est, siquidem melius ascensus[12] quoque et descensus[13] cum quadam varietate corpus moveat, nisi[14] tamen id perquam[15] inbecillum[1] est. (…) Exercitationis autem plerumque finis esse debet sudor aut certe lassitudo, quae citra[16] fatigationem sit, idque ipsum modo minus, modo magis faciendum est. Ac ne his[17] quidem athletarum[18] exemplo vel certa esse lex vel inmodicus[19] labor debet. Exercitationem recte sequitur modo unctio vel in sole vel ad ignem, modo balineum, sed conclavi[20] quam maxime et alto et lucido[21] et spatioso[22]. Ex his vero neutrum[23] semper fieri oportet, sed saepius alterutrum[24] pro corporis naturā. Post haec paulum[25] conquiescere opus est.

1 **imbecillus**, -a, -um: schwach
2 **urbanus**, -i *m.*: Städter
3 **detraho 3**, detraxi, -tractum: wegnehmen; **ut ‹id›, quod …**
4 **quiesco 3**, quievi, quietum: ruhen; **qui parum ‹concoxit›**
5 **redormio 4**: wieder schlafen gehen; **‹debet› redormire / conquiescere / se … credere / bibere / se … continere**
6 **ex toto**: überhaupt
7 **ructo 1 crudum**: (*jemandem*) stößt Unverdautes auf
8 **ex intervallo**: in Abständen
9 **nihilo minus**: nichts desto weniger
10 **lectio**, lectionis *f.*: Lesen
11 **pila**, -ae *f.*: Ball
12 **ascensus**, ascensus *m.*: Aufsteigen
13 **descensus**, descensus *m.*: Herabsteigen
14 **nisi tamen**: wenn nur nicht
15 **perquam**: sehr
16 **citra** (+ *Akk.*): ohne
17 **his** (*Abl.n.Pl.*): dabei
18 **athleta**, -ae *m.*: Athlet
19 **inmodicus**, -a, -um: maßlos
20 **conclave**, conclavis *n.*: Raum
21 **lucidus**, -a, -um: hell
22 **spatiosus**, -a, -um: geräumig
23 **neutrum** *n.*: keines von beiden
24 **alterutrum** *n.*: eines von beiden
25 **paulum**: ein wenig

VOCABULARIUM

cupidus, -a, -um (+ *Gen.*)	zugetan; gierig (*auf*)
observatio, observationis *f.*	Aufmerksamkeit
vel … vel	entweder … oder
mane (*Adv.*)	in der Frühe
tuto (*Adv.*)	sicher
surgo 3, surrexi, -rectum	sich erheben
parum (*Adv.*)	zu wenig; wenig
conquiesco 3, conquievi, –	zur Ruhe kommen
exercitatio, exercitationis *f.*	Übung
negotium, -i *n.*	Geschäft
credo 3, credidi, creditum	(an)vertrauen; glauben
crudus, -a, -um	roh
praecordia, -orum *n.Pl.*	Magen
bibo 3, bibi, –	trinken
commodus, -a, -um	vorteilhaft
exerceo 2	üben
clarus, -a, -um	hell; *hier*: laut
cursus, cursus *m.*	Lauf
ambulatio, ambulationis *f.*	Spaziergang
utique (*Adv.*)	jedenfalls
planus, -a, -um	eben; klar; *hier*: in der Ebene
melior, melius	besser
sudor, sudoris *m.*	Schweiß
lassitudo, lassitudinis *f.*	Ermüdung
fatigatio, fatigationis *f.*	Erschöpfung
minor, minus	weniger
exemplum, -i *n.*	Beispiel
unctio, unctionis *f.*	Massage
pro (+ *Abl.*)	im Verhältnis (*zu*); für
opus est (+ *Abl.*)	(*es*) ist nötig

ACTIVA ET CONTEMPLATIVA

- Wen rechnet Celsus besonders zu den gesundheitlich Geschwächten? Welche Tipps gibt er ihnen?

Ärzte in Rom

*Die ersten **Ärzte in Rom** waren Griechen, zunächst Sklaven, später auch Freie. Durch einen Erlass Cäsars erhielten alle griechischen Ärzte in Rom 46 v. Chr. das Bürgerrecht, mit der Zeit kamen weitere Privilegien dazu. Im 2. Jhdt. n. Chr. wurde die Steuerfreiheit je nach Größe der Stadt auf eine bestimmte Anzahl von Ärzten beschränkt. Diese Gemeindeärzte trugen wie die kaiserlichen Leibärzte den Titel **Archiatros** („Oberarzt"), wovon sich unser Wort „Arzt" herleitet.*

Arzt bei römischer Familie mit krankem Kind (John W. Waterhouse, „The sick child". Ölgemälde, 1877)

Medizin im Mittelalter I

Ab dem Frühmittelalter wurden Klöster unter anderem auch zu Zentren der medizinischen Versorgung. Dabei konnte man teils auf antikes Wissen zurückgreifen, das sich in Fachbüchern wie der ***„medicina Plinii"*** *oder Enzyklopädien wie Isidors* ***„Etymologiae"*** *erhalten hatte, teils aber auch auf die Erfahrungen germanischer Volksmedizin. Jedes Kloster hatte seinen eigenen Kräutergarten. Von der Äbtissin* ***Hildgard von Bingen*** *(12. Jhdt.) stammt folgender Ratschlag:*

Cum homo aliquando crudum cibum comedit, mali humores eorundem ciborum, quod per nullum condimentum[1] temperati[2] sunt, ad splenem[3] interdum ascendunt et dolorem faciunt. Unde idem homo cerefolium[4] accipiat et modicum minus de anetho[5], et cum triticeo[6] pane in aceto velut offas[7] vel condimentum[1] faciat et sic frequenter comedat. Nam suave[8] frigus cerefolii[4] dolorem splenis[3], qui et calidis et frigidis humoribus surgit, purgat et sanat, frigiditas[9] autem anethi[5] splenem[3] confortat et triticeus[6] panis splenem[3] crescere facit, acetum vero illum acumine[10] suo purgat. Postea semen[11] lini (...) coquat et expressā aquā in sacellum[12] fusum loco splenis[3], quanto[13] calidius pati potest, superponat[14]. Nam semen[11] lini calidum et livosum[15] est, et cum illud in suavitate[16] aquae ad vires suas excitatur, calore et humiditate sua splenem[3] tangit et sanat.

1 **condimentum**, -i *n.*: Würzung
2 **tempero 1**: mildern
3 **splen**, splenis *m.*: Milz
4 **cerefolium**, -i *n.*: Kerbel (*Gewürz*)
5 **anethum**, -i *n.*: Dille
6 **triticeus**, -a, -um: Weizen-...
7 **offa**, -ae *f.*: Kügelchen; Pille
8 **suavis**, suave: angenehm
9 **frigiditas**, frigiditatis *f.* = **frigus**, frigoris *n.*
10 **acumen**, acuminis *n.*: Säure
11 **semen** (seminis *n.*) **lini**: Leinsamen (Flachs)
12 **sacellum**, -i *n.*: Säckchen; **fusum** *gehört zu* **semen lini**
13 **quanto** (+ *Komp.*): so ..., wie nur
14 **superpono 3**, superposui, -positum: auflegen
15 **livosus**, -a, -um: schleimig
16 **suavitas**, suavitatis *f.*: Milde

Hildegard von Bingen empfängt eine göttliche Inspiration und gibt sie an ihren Schreiber weiter (Miniatur aus dem Rupertsberger Codex des Liber Scivias, 12. Jhdt.)

Medizin im Mittelalter II

In ***Salerno*** *(Süditalien) entstand, beeinflusst von arabischer Heilkunst, die erste medizinische Universität Europas. Wahrscheinlich aus dem 12. oder 13. Jhdt. stammt das so genannte* ***„Regimen sanitatis Salernitanum“****, ein bedeutendes Kompendium (= Lehrbuch) der Medizin in Hexametern, dessen* ***Vorwort*** *(Praefatio) folgendermaßen beginnt:*

Ánglorúm[1] regí scribít schola[2] tóta Salérni:
Sí vis íncolumém[3], si vís te réddere sánum,
cúras tólle gravés, irásci[4] créde profánum[5],
párce[6] meró, cenáto[7] parúm, non sít tibi vánum[8]
súrgere póst epulás[9], somnúm fuge méridiánum,
nón mictúm[10] retiné, nec cómprime fórtiter ánum[11]:
Haéc bene sí servés, tu lóngo témpore víves.
Sí tibi déficiánt medicí, medicí tibi fíant
haéc tria: méns laetá[12], requiés[13], moderáta diaéta.

(Versmaß: volkstüml. Hexameter)

1 **Angli**, -orum *m.Pl.*: Engländer; *die Widmung gilt vielleicht dem Normannenprinzen Robert, der zwar der Sohn Wilhelms des Eroberers war, aber niemals dessen Nachfolger auf dem englischen Thron wurde. Robert ließ sich im Jahr 1101 in Salerno behandeln.*
2 **schola** (-ae *f.*) **Salerni**: Universität von Salerno
3 **incolumis**, incolume: wohlbehalten
4 **irascor**, irasceris, irasci, –: zornig sein
5 **profanus**, -a, um: schändlich
6 **parco 3**, peperci, – **mero** (*Dat.*): sparsam sein (*mit Wein*)
7 **ceno 1**: speisen; **cenato**: *Imperativ 2* („du sollst …“)
8 **vanus**, -a, -um: gleichgültig; **non sit = ne sit**
9 **epula**, -ae *f.*: Mahl
10 **mictus**, mictus *m.*: Harnlassen
11 **anus**, -i *m.*: After
12 **laetus**, -a, -um: froh; **laetā** *ist Nom.*; *beim volkstümlichen Hexameter ist nicht mehr die Silbenlänge entscheidend. Das Gespür für die klassischen Quantitäten ist verloren gegangen.*
13 **requies**, requiei *f.*: Ruhe

Titelblatt des ersten Drucks des Regimen sanitatis Salernitanum *(Venedig, 1480)*

ACTIVA ET CONTEMPLATIVA

- Welche Beschwerden soll Hildegards Rezept lindern? Woraus setzt es sich zusammen? Auf welche Heilmittel greift Hildegard also zurück und woher nimmt sie diese?
- Welche Lebensregeln erteilt das „Regimen sanitatis Salernitanum“? Was soll man tun, was unterlassen, und warum?

Medizin der Neuzeit: der Blutkreislauf

Seit der frühen Neuzeit begannen die Mediziner sich nicht mehr damit zu begnügen, Althergebrachtes weiterzuvermitteln. Praktische Untersuchungen brachten neue Erkenntnisse, die den medizinischen Fortschritt unaufhaltsam vorantrieben. Beispielhaft dafür ist die Entdeckung des Blutkreislaufs durch den englischen Arzt und Gelehrten ***William Harvey*** *im 17. Jhdt.:*

Contendo in perfectioribus[1], nimirum[2] et in calidioribus animalibus iisque adultis[3] (ut in homine), sanguinem de dextro ventriculo cordis per venam arteriosam[4] in pulmones, et inde per arteriam venosam[5] in sinistram auriculam[6], et subinde in ventriculum cordis sinistrum permeare.

Harveys Weg zu wissenschaftlichen Erkenntnissen:

Atque haec collectio[7] mea demonstrativa[8] et vera est et necessaria, si vera sint praemissa[9]: Illa autem vera esse vel falsa, sensus nos facere debet certiores, non ratio, autopsía[10], non mentis agitatio[11]. (...) Haec vera esse docet sensus ipse; et a sensibilibus[12] collectio[7] necessaria omnem dubitandi ansam[13] tollit. Denique hoc est, quod narrare et patefacere[14] per observationes et experimenta[15] conabar: Non ex causis et principiis probabilibus[16] demonstrare, sed per sensum et experientiam confirmatum reddere anatomico[17] more, tamquam maiore auctoritate, volui.

1 **perfectus**, -a, -um: vollkommen
2 **nimirum**: das heißt; **et ... -que = et ... et**
3 **adultus**, -a, -um: höher entwickelt
4 **vena** (-ae *f.*) **arteriosa**: Arterie (*führt vom Herz weg*)
5 **arteria** (-ae *f.*) **venosa**: Vene (*führt zum Herz hin*)
6 **auricula**, -ae *f.*: Vorkammer
7 **collectio**, collectionis *f.*: Schlussfolgerung
8 **demonstrativus**, -a, -um: hinweisend
9 **praemissum**, -i *n.*: Voraussetzung
10 **autopsia** (*griech. Nom.*) *f.*: Selbstbeobachtung
11 **agitatio**, agitationis *f.*: Regsamkeit
12 **sensibilia**, sensibilium *n.Pl.*: wahrnehmbare Dinge
13 **ansa**, -ae *f.*: Anhaltspunkt
14 **patefacio 3**: eröffnen
15 **experimentum**, -i *n.*: Versuch
16 **probabilis**, probabile: wahrscheinlich
17 **anatomicus**, -a, -um: der Anatomie (*vgl. S. 11*)

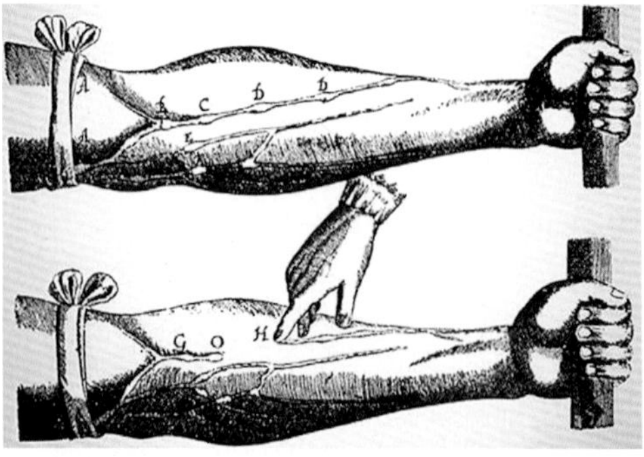

Illustration aus dem Erstdruck (1628) von William Harveys Werk „De motu cordis et sanguinis“

VOCABULARIUM

contendo 3, contendi, – (+ *AcI*)	behaupten; eilen; sich bemühen
animal, animalis *n.* (*I-Dekl.*)	Lebewesen
dexter, dextra, dextrum	rechts
vena, -ae *f.*	Ader
arteria, -ae *f.*	Arterie; Schlagader
sinister, sinistra, sinistrum	links
subinde (*Adv.*)	gleich darauf
permeo 1	durchwandern; *hier*: fließen
sensus, sensus *m.*	Wahrnehmung; Sinn
denique	schließlich
narro 1	erzählen
observatio, observationis *f.*	Beobachtung
principium, -i *n.*	Grundlage
experientia, -ae *f.*	Erfahrung
auctoritas, auctoritatis *f.*	Autorität; Ansehen

ACTIVA ET CONTEMPLATIVA

- Wie ist Harveys Weg zur Erkenntnis? Was bedeuten in diesem Zusammenhang **„sensus"** / **„autopsía"** bzw. **„ratio"** / **„mentis agitatio"**? Was davon hat für Harvey Vorrang? Vergleiche dazu auch das Wort des Philosophen Leibniz (17. Jhdt.): **„Nihil est in intellectu, quod non antea fuerit in sensu"**!
- Der Gegensatz zwischen **„sensus"** und **„ratio"** manifestiert sich in den philosophischen Strömungen des **„Empirismus"** und **„Rationalismus"**. Sammelt Informationen über beide Denkrichtungen!
- Harveys Entdeckung hat im Wesentlichen bis heute ihre Gültigkeit bewahrt. Erkundigt euch im Biologieunterricht über Details des Blutkreislaufs und das Funktionieren des Herzens!

William Harvey (1578 – 1657). Ölgemälde (England, 19. Jahrhundert)

Keine Angst vor Ärztelatein!

Der menschliche Körper ...

abdomen, abdominis *n.*	Bauch
aorta, -ae *f.*	Hauptschlagader
appendix vermiformis (*Gen.*: appendicis vermiformis) *f.*	Wurmfortsatz
atlas, atlantis *m.*	erster Halswirbel
auris, auris *f.*	Ohr
calx, calcis *f.*	Ferse
capillus, -i *m.*	Kopfhaar
carpus, -i *m.*	Handwurzel
cerebrum, -i *n.*	Gehirn
cilium, -i *n.*	Wimper
clavicula, -ae *f.*	Schlüsselbein
clavus, -i *m.*	Hühnerauge
collum, -i *n.*	Hals
colon, coli *n.*	Dickdarm
coniunctiva, -ae *f.*	Augenbindehaut
costa, -ae *f.*	Rippe
cranium, -i *n.*	Schädel
cubitus, -i *m.*	Ellenbogen
cutis, cutis f.	Haut
dens, dentis *m.*	Zahn
dentinum, -i *n.*	Zahnbein
digitus, -i *m.*	Finger; Zehe
dorsum, -i *n.*	Rücken
duodenum, -i *n.*	Zwölffingerdarm
epidermis, epidermitis *f.*	Oberhaut
femur, femoris *n.*	Oberschenkel
fibula, -ae *f.*	Wadenbein
genu, genus *n.*	Knie
hepar, hepatis *n.*	Leber
humerus, -i *m.*	Oberarmknochen
lumbus, -i *m.*	Lende

mamma, -ae *f.*	weibl. Brust
maxilla, -ae *f.*	Oberkiefer
meninx, meningis *f.*	Hirnhaut
meniscus, -i *m.*	Halbmond (*halbmondförmiger Zwischenknorpel im Kniegelenk*)
mentum, -i *n.*	Kinn
metacarpus, -i *m.*	Mittelhand
metatarsus, -i *m.*	Mittelfuß
musculus, -i *m.*	Muskel
nasus, -i *m.*	Nase
os, ossis *n.*	Knochen
ovarium, -i *n.*	Eierstock
pancreas, pancreatis *n.*	Bauchspeicheldrüse
papilla, -ae *f.*	Warze
patella, -ae *f.*	Kniescheibe
pelvis, pelvis *f.*	Becken
planta, -ae *f.*	Fußsohle
radius, -i *m.*	Speiche (*Unterarm*)
ren, renis *m.*	Niere
scapula, -ae *f.*	Schulterblatt
spina, -ae *f.*	Wirbelsäule
sura, -ae *f.*	Wade
talus, -i *m.*	Sprungbein
tendo, tendinis *f.*	Sehne
thorax, thoracis *m.*	Brustkorb
tonsilla, -ae *f.*	Mandel
trachea, -ae *f.*	Luftröhre
tuba uterina *f.*	Eileiter
ulna, -ae *f.*	Elle (*Unterarm*)
uterus, -i *m.*	Gebärmutter
vertebra, -ae *f.*	Wirbel
vesica fellea *f.*	Gallenblase
vesica urinaria *f.*	Harnblase

… und was ihm unter anderem zustoßen kann:

angina, -ae *f.*	Enge; Halsentzündung
cancer, -cri *m.*	Krebs
commotio, commotionis *f.*	Erschütterung
distortio, distortionis *f.*	Verstauchung
febris, febris *f.*	Fieber
fissura, -ae *f.*	Spaltung
fractura, -ae *f.*	Bruch
partus, partus *m.*	Geburt
rubeola, -ae *f.*	Röteln
ruptura,-ae *f.*	Riss
sectio (caesarea) *f.*	Kaiserschnitt
tussis, tussis *f.*	Husten

Viele Fachausdrücke bestehen aus zusammengesetzten Wortelementen:

- **mit Präposition:**
  supraspinalis: auf (den Dornen) der Wirbelsäule liegend
- **mit Nachsilbe[1]:**
  -itis (*Gen.*: -itidis *f.*): Entzündung (**tonsillitis**)
  -osis (*Gen.*: -osis *f.*): krankhafte Veränderung (**pyrosis**: Sodbrennen)
  -oma (*Gen.*: -omatis *n.*): Geschwulst (**carcinoma**)

Sie werden ergänzt durch beschreibende bzw. unterscheidende Adjektive:

os lunatum: Mondbein (an der Handwurzel)
os sacrum: Kreuzbein
musculus triceps bracchii: dreiköpfiger Oberarmmuskel
musculus biceps bracchii: zweiköpfiger Oberarmmuskel

ACTIVA ET CONTEMPLATIVA

- Was bedeutet **commotio cerebri**, **fractura radii**, **Hepatitis**, **Coniunctivitis**, **Appendicitis**?
  Versuche einen ärztlichen Befund aufzutreiben und ihn zu entschlüsseln!
- Welche anderen lateinischen Bezeichnungen für Teile des menschlichen Körpers sind dir schon aus der Lektüre bekannt?

[1] Diese Wortteile stammen aus dem Altgriechischen.

Die Entwicklung der medizinischen Fachausdrücke

Nur ein Teil der in der modernen Medizin gebräuchlichen Fachausdrücke (Bezeichnungen für Körperteile, biologische Vorgänge, Verletzungen, Heilmethoden etc.) lässt sich schon im klassisch-antiken Latein nachweisen. Bei der Namensgebung in späterer Zeit griff man jedoch auf lateinische und griechische Bezeichnungen zurück bzw. formte neue Begriffe nach den Regeln der lateinischen Wortbildungslehre, wobei u.a. ein Bedeutungswandel, die Mischung von lateinischen und griechischen Wortteilen bzw. eine Benennung nach äußerlichen Ähnlichkeiten stattfand.
Bis Ende des 19. Jhdt.s gab es keine einheitlichen anatomischen Bezeichnungen. Die weltweite Bereinigung der Vielfalt erfolgte in einem langwierigen Prozess, der mit den „Baseler Nomina Anatomica" 1895 begann und bis in die zweite Hälfte des 20. Jhdts andauerte.

ACTIVA ET CONTEMPLATIVA

- Finde mit Hilfe eines Wörterbuchs die ursprüngliche Bedeutung folgender Fachausdrücke auf den Seiten 22 und 23 heraus: **radius**, **thorax**, **fibula**, **tuba**, **clavus**
- Finde den lateinischen Ursprung der Begriffe und versuche den Grund für die Namensgebung zu erklären: **coniunctiva**, **tendo**, **rubeola**, **clavicula**, **ovarium**.
- Leite folgende medizinische Begriffe aus dem Lateinischen ab! Beachte dabei, dass das ursprüngliche lateinische C als Z oder K geschrieben werden kann, ebenso AE als Ä:

  latent, *letal*, *Perforation*, *Reanimation*, *Läsion*, *Kollaps*, *irreversibel*, *spontan*, *regressiv*, *Transfusion*, *resistent*, *rekonvaleszent*, *Fertilität*, *Indikation*, *rektal*, *ventral*, *dorsal*, *genital*, *Indikation*, *Infusion*, *Gravidität*, *afebril*, *Amputation*, *Demenz*, *Debilität*, *Implantat*, *Rezeptur*, *zerebral*, *subkutan*, *akut*, *Sekret*, *Injektion*, *Extremitäten*, *sterilisieren*, *adstringierend*, *desinfizieren*, *Obstipation*, *Placebo* (wörtlich?).

- Was bedeutet **„foetor ex ore"**?

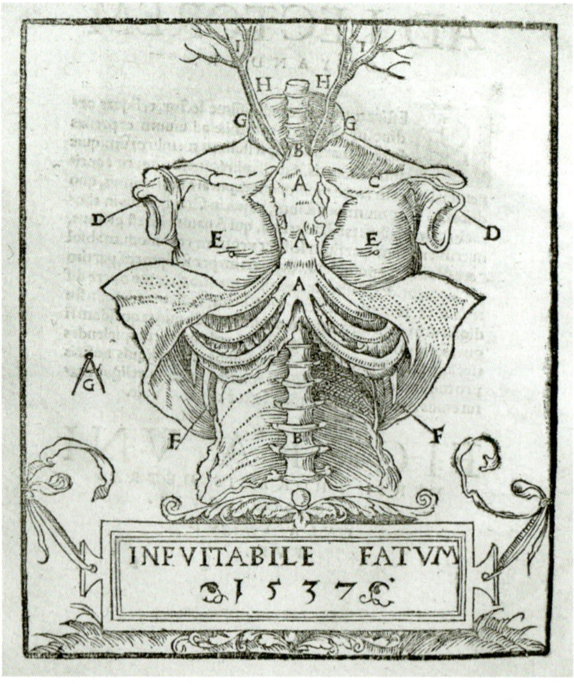

Holzschnitt aus Johannes Eichmanns Lehrbuch „Anatomiae, hoc est: corporis humani dissectionis" (Marburg, 1537)

Die lateinische ärztliche Verordnung

Die im Rezept verwendeten Stoffe werden im Genitiv angegeben, die Menge dahinter in Gramm. Die **signatura** *ist vom Apotheker*[1]*, der das Medikament nach den Angaben des Arztes herstellt, in deutscher Sprache auf den Behälter des Medikaments zu übertragen (vgl. die Anweisung „S." =* **signa**[2]*! in jedem Rezept).*

inscriptio	Name, Berufsbezeichnung, Adresse und Telefonnummer des Arztes, Datum
invocatio	Rp. (= recipe!)[3]
ordinatio/praescriptio	Codeini[4] phosphatis 0,02 Barbitali[5] 0,1 Massae[6] ad suppositoria[7] quantum satis
subscriptio	M[8]. Fiant suppositoria. Da tales doses[9] Nr. X
expeditio[10] **nocturna**	
signatura	S[2]. Abends ein Zäpfchen einführen!

1 *Alle Funktionsbezeichnungen sind geschlechtsneutral zu verstehen.*
2 **signo 1**: bezeichnen
3 **recipio 3**, recepi, -ceptum: *hier*: nehmen
4 **Codeinum phosphatis** *n.*: Codeinphosphat
5 **Barbitalum**, -i *n.*: Barbital
6 **massa**, -ae *f.*: Masse; **massae**: *Genitiv*
7 **suppositorium**, -i *n.*: Zäpfchen
8 **M = misce!** (misceo 2: mischen)
9 **dosis**, dosis *f.*: Menge der Arzneiabgabe
10 **expeditio nocturna**: Ausfolgung in der Nacht *(Versicherung übernimmt Aufpreis)*

Klassische Mythologie in der Sprache der Medizin

Dass die *Achillessehne* (**tendo Achillis**) nach dem griechischen Helden benannt ist und die *Iris* („Regenbogenhaut" im Auge) nach der griechischen Göttin des Regenbogens, dürfte ebenso bekannt sein wie die Namensgeber für die psychopathologischen Bezeichnungen *Narzissmus*, *Ödipus*- bzw. *Elektrakomplex*. Aber auch andere mythologische Gestalten sind in der Sprache der Medizin verewigt: *Panik* (**Pan**: griech. Hirtengott, der in der Mittagsstille Viehherden zu plötzlicher Massenflucht aufjagte); *Morphium* (**Morpheus**: griech. Gott der Träume); *Amorbogen* (Bezeichnung für schwellende Oberlippe; „Cupid's[11] bow" in der Röntgendiagnostik: bogenförmige Kontur im Lendenwirbelbereich); *Minervagips* (Stützkorsett für die Wirbelsäule); *Janiceps* (**Janus**: doppelköpfiger röm. Gott; **-ceps** von **caput**; Fehlbildung bei der Keimesentwicklung von Zwillingen, die am Kopf zusammengewachsen sind: „Siamesische" Zwillinge). Nicht zuletzt hat auch der griechisch-römische Heilgott **Asklepios/Äskulap** (vgl. S. 9) dem Berufsstand der Ärzte seinen Stab und den Apothekern seine Schlange als Logo hinterlassen.

11 **Cupido**, Cupidinis *m.* = **Amor**

Pharmazie: Was hilft wann?

***Plinius der Ältere** beginnt seine Abhandlung über Heilmittel gegen Beschwerden, die am ganzen Körper auftreten können:*

Nunc peractis[1] malis, quae membratim[2] sentiuntur, dicemus de iis, quae totis corporibus grassantur[3]. Remedia autem haec communia invenio apud auctores potanda: Dodecatheum[4] (...), deinde panacis[5] omnium generum radices, peculiariter[6] longinquis[7] morbis, et semen interaneorum[8] vitiis, ad omnes vero dolores corporis sucum e scordio[9], item vettonicae[10], quae pota colorem plumbeum[11] corporis privatim[12] emendat[13], gratiorem[14] reducit. (...)

Radix polypodi[15] inlita luxatis[16] medetur, doloremque et tumores tollunt semen psyllii[17], folia plantaginis[18] trita, sale modice addito, verbasci[19] semen ex vino decoctum contritum, cicuta[20] cum axungia[21]. Folia ephemeri[22] tuberibus[23] tumoribusque inlinuntur, quae[24] etiamtum discuti possunt. (...)

Ambusta[25] sanantur plantagine[18], arctio[26] ita, ut cicatrix[27] fallat[28] – folia eius in aqua decocta contrita inlinuntur –, radice cyclamini[29], aizoo[30], herba ipsa hyperici[31] (...).

1 **perago 3**, peregi, -actum: vollenden
2 **membratim** (*Adv*).: an den einzelnen Gliedern
3 **grassor 1**: umhergehen; „grassieren"
4 **dodecatheum**, -i *n.*: Götterblume (*Pflanzenname*)
5 **panax**, panacis *m.*: Heilkraut
6 **peculiaris**, peculiare: speziell
7 **longinquus**, -a, -um: langwierig
8 **interaneorum vitium** (-i *n*): Eingeweideleiden
9 **scordium**, -i *n.*: Knoblauch-Gamander (*Pflanzenname*)
10 **vettonica**, -ae *f.*: Betonie (*Pflanzenname*); ‹**sucum**› **vettonicae**
11 **plumbeus**, -a, -um: Blei-...
12 **privatim** (*Adv.*): besonders
13 **emendo 1**: (ver)bessern
14 **reduco 3**, reduxi, -ductum **gratiorem**: wieder angenehmer machen; ‹**et colorem corporis**› **gratiorem reducit**
15 **polipodium**, -i *n.*: Tüpfelfarn (*Pflanzenname*)
16 **luxata**, -orum *n.Pl.*: Verrenkungen
17 **psyllium**, -i *n.*: Flohsamen (*Pflanzenname*)
18 **plantago**, plantaginis *f.*: Wegerich (*Pflanzenname*)
19 **verbascum**, -i *n.*: Königskerze (*Pflanzenname*)
20 **cicuta**, -ae *f.*: Schierling (*Pflanzenname*)
21 **axungia**, -ae *f.*: Schmiere; Fett
22 **ephemerum**, -i *n.*: Maiglöckchen (*die Bedeutung ist allerdings umstritten*)
23 **tuber**, tuberis *n*: Beule
24 **quae etiamtum discuti possunt**: die (= **tubera tumoresque**) man immer noch beseitigen kann
25 **ambusta**, -orum *n.Pl.*: Verbrennungen
26 **arctium**, -i *n.*: große Klette (*Pflanzenname*)
27 **cicatrix**, cicatricis *f.*: Narbe
28 **fallo 3**, fefelli, –: *hier*: nicht sichtbar werden
29 **cyclaminum**,-i *n.*: Alpenveilchen
30 **aizoom**, -i *n.*: Hauswurz (*Pflanzenname*)
31 **hypericum**, -i *n.*: Johanneskraut (*Pflanzenname*); **herba ipsa hyperici = hypericum ipsum**

VOCABULARIUM

remedium, -i *n.*	Heilmittel
auctor, auctoris *m.*	Autor; Befürworter; Ratgeber
poto 1	trinken
semen, seminis *n.*	Same
sucus, -i *m.*	Saft
color, coloris *m.*	Farbe
inlino 3, inlevi, -litum.	bestreichen
tumor, tumoris *m.*	Geschwulst; *hier*: Schwellung
folium, -i *n.*	Blatt
(con)tero 3, trivi, tritum	zerreiben
sal, salis *m.*	Salz
modicus, -a, -um	mäßig
addo 3, addidi, -ditum.	hinzufügen
decoquo 3, decoxi, -coctum **ex** (+ *Abl.*)	abkochen (*in*)
herba, -ae *f.*	Kraut

Pharmakologisches Schrifttum in der Antike

Das älteste Heilkräuterbuch geht auf den Aristotelesschüler **Diokles von Karystos** *zurück (4. Jhdt. v. Chr.). In der frühen Kaiserzeit (1. Jhdt. n. Chr.) verfasste* **Dioskurides Pedanios** *in griechischer Sprache sein fünfbändiges Werk* **„De materia medica"**. *Davon hat sich eine kunstvoll bebilderte Abschrift vom Beginn des 6. Jhdts erhalten, die in Wien aufbewahrt wird („Wiener Dioskurides"). Bis in die Neuzeit hinein galt Dioskurides, was sein Wissen um Heilpflanzen und ihre Wirkung angeht, als höchste Autorität. Auch in lateinischer Sprache wurden Arzneimittelbücher und Rezeptsammlungen verfasst, die wichtigsten sind wohl die Bücher 20 bis 32 der* **„Naturalis historia"** *des Älteren Plinius (1. Jhdt. n. Chr.). Aus der Spätantike stammt ein Exzerpt davon, die so genannte* **„Medicina Plinii"** *(4. Jhdt. n. Chr.).*

Illustrierte Seite aus dem „Wiener Dioskurides" (Österreichische Nationalbibliothek, Wien)

Die Arbeitsweise des älteren Plinius

*Die **Naturalis Historia** des älteren **Plinius**, die bis weit in die Neuzeit als Enzyklopädie verwendet wurde, hatte eine große Wirkung auf die Welt der Wissenschaften.*

XX[1] rerum dignarum cura – quoniam, ut ait Domitius[2] Piso, thesauros oportet[3] esse, non libros – lectione[4] voluminum circiter II[5], quorum pauca admodum[6] studiosi attingunt propter secretum[7] materiae, ex exquisitis auctoribus centum inclusimus[8] XXXVI voluminibus, adiectis rebus plurimis, quas aut ignoraverant priores aut postea invenerat vita[9]. Nec dubitamus multa esse, quae et[10] nos praeterierint. Homines enim sumus et occupati officiis, subsicivisque[11] temporibus ista curamus, id est nocturnis, ne quis vestrum putet his cessatum[12] horis. Dies vobis[13] inpendimus, cum somno valetudinem computamus[14], vel[15] hoc solo praemio contenti, quod, dum ista, ut ait M. Varro[16], musinamur[17], pluribus horis vivimus. Profecto enim vita vigilia est.

1 **XX ‹milia› rerum**: zwanzigtausend Themenbereiche (**milia** *ist Akk.Obj. zu* **inclusimus**)
2 **Domitius Piso**: *nicht weiter bekannte Persönlichkeit*
3 *Ergänze den AcI:* **oportet ‹opera nostra› thesauros esse, non libros**
4 **lectione**: nach der Lektüre
5 **II ‹milia›**
6 **admodum studiosi**: nur wirklich sehr gelehrte Leute
7 **secretum materiae**: ausgefallene Inhalte
8 **includo 3**, inclusi, -clusum (+ *Abl.*): *hier*: zusammenfassen (*in*)
9 **vita**, -ae *f.*: *hier:* Praxis; Lebenserfahrung
10 **et = etiam**
11 **subsicivis temporibus**: in extra dafür freigehaltenen Zeiten
12 **cessatum ‹esse›**: dass gefaulenzt wird
13 **vobis**: für euch (= für die Allgemeinheit)
14 **computo 1**: (be)rechnen; **cum somno valetudinem computamus**: *wörtl.* „die Gesundheit mit dem Schlaf berechnen“ = soviel schlafen, wie es die Gesundheit verlangt
15 **vel**: sogar
16 **M. ‹Terentius› Varro**: *römischer Gelehrter (116–27 v. Chr.)*
17 **musinor 1** (+ *Akk.*): nachsinnen (*über*)

Häufige Vokabel aus Umwelt und Technik

animal, animalis *n.*	Tier; Lebewesen
aurum, -i *n.*	Gold
cursus, cursus *m.*	Lauf; Bahn; Strömung
lumen, luminis *n.*	Licht
luna, -ae *f.*	Mond
misceo 2, miscui, mixtum	vermischen
motus, motus *m.*	Bewegung
mundus, -i *m.*	Welt
orbis, orbis *m.*	Kreis; Welt
planeta, -ae *m.*	Planet
rarus, -a, -um	selten
ratio, rationis *f.*	Vernunft; Berechnung; Art; Ansicht
reperio 3, repperi, -pertum	finden; auffinden
sidus, sideris *n.*	Gestirn
spatium, -i *n.*	Raum; Zeitraum
stella, -ae *f.*	Stern
tellus, telluris *f.*	Erde

Die neue Wissenschaft

Der englische Philosoph ***Francis Bacon*** *(1561 – 1626) fordert in seinem Werk* ***Novum organum*** *eine neue Methode zur Gewinnung naturwissenschaftlicher Erkenntnis und tritt gegen die Vermengung von aristotelischer Philosophie und Naturwissenschaften auf.*

Rursus vero homines a progressu in scientiis detinuit et fere incantavit[1] reverentia antiquitatis, et virorum, qui in philosophia magni[2] habiti sunt, autoritas, atque deinde consensus[3]. (...) Atque experientiae[4] fundamenta aut nulla aut admodum infirma adhuc fuerunt. (...)

Homines docti – supini[5] sane et faciles[6] – rumores quosdam experientiae et quasi famas et auras[7] eius ad philosophiam suam vel constituendam vel confirmandam exceperunt, atque illis nihilominus pondus legitimi testimonii[8] attribuerunt. ... Nil debitis modis exquisitum, nil verificatum[9], nil numeratum, nil appensum[10], nil dimensum in naturali historia reperitur. At quod in observatione indefinitum[11] et vagum, id in informatione fallax et infidum est. Tum vero de scientiarum ulteriore progressu spes[12] bene fundabitur, cum in historiam naturalem recipientur et aggregabuntur complura experimenta.

1 **incanto 1**: verhexen
2 **magni habere**: für wichtig halten
3 **consensus**, consensus *m.*: Zustimmung (der Massen)
4 **experientia**, -ae *f.*: wissenschaftliche Erkenntnis
5 **supinus**, -a, -um: oberflächlich
6 **facilis**, facile: *hier:* leichtfertig
7 **aura**, -ae *f.*: ungefährer Schimmer; ungefähre Ahnung
8 **testimonium**, -i *n.*: Zeugnis; Beweis
9 **verifico 1**: beweisen
10 **appendo 3**, appendi, -pensum: *hier:* abwiegen
11 **indefinitus**, -a, -um: unbestimmt
12 **spes bene fundabitur** *(de + Abl.)*: zurecht wird die Hoffnung begründet *(auf)* = man kann mit Recht hoffen *(auf)*

ACTIVA ET CONTEMPLATIVA

- Aus welchen Quellen schöpfte Plinius?
- Welche Vorwürfe macht Francis Bacon den Naturwissenschaftlern?
- Welche Forderungen stellt er auf?
- Worin widersprechen einander die Arbeitsweisen des Plinius und die Vorstellungen des Francis Bacon?

Der englische Philosoph und Staatsmann Sir Francis Bacon (1551 – 1626)

Die vier Elemente nach Plinius d. Ä. ...

Nec de elementis video dubitari quattuor esse ea: ignium summum[1] - inde tot stellarum illos conlucentium[2] oculos. Proximum spiritus, quem Graeci nostrique eodem vocabulo „aera“ appellant: vitalem[3] hunc et per cuncta meabilem[4] totoque consertum[5]; huius vi suspensam[6] cum quarto aquarum elemento librari[7] medio spatii tellurem.

... und der Stand des Wissens 1500 Jahre später

Quid est elementum? Elementum est corpus, ex quo mixtum[8] componitur, tamquam ex parte[9] simplici seu, ut loquuntur, minima[10], quae non potest dividi in diversarum specierum corpora.
Quot[11] sunt elementa? Magna fuit vanitas[12] ingeniorum[13], quae – omissa[14] communi doctrina[15] – quaesiverunt prodigiosas[16] opiniones: ut dixit Democritus infinita[17] esse elementa, Anaxagoras unicum[18] tantum[19].
At communis sententia antiquissima est praeter caelum quattuor esse corpora simplicia et prima non viventia, quae nec inter animata[20] nec inter animalia numerari[21] possint: scilicet Ignem, Aerem, Aquam et Terram.

1 **summum ‹elementum›**: *der ganze folgende Abschnitt steht in indirekter Rede!*
2 **conluceo 2**, –: leuchten
3 **vitalis**, vitale: lebensnotwendig
4 **meabilis**, meabile: durchdringend
5 **consertus**, -a, -um **toto**: mit allen Dingen verbunden
6 **suspendo 3**, suspendi, -pensum: zum Schweben bringen
7 **libro 1**: im Gleichgewicht halten
8 *hier substantivisch gebraucht*
9 **pars**, partis *f.*: *hier:* Teilchen
10 **minimus**, -a, -um: der Kleinste
11 **quot**: wie viele
12 **vanitas**, vanitatis *f.*: Dummheit
13 **ingenium**, -i *n.*: *hier:* geistreicher Mensch
14 **omitto 3**, omisi, -missum: übergehen
15 **doctrina**, -ae *f.*: *hier:* Ansicht
16 **prodigiosus**, -a, -um: seltsam; schrecklich
17 **infinitus**, -a, -um: unzählbar
18 **unicus**, -a, -um: einzig

Melanchthon stellt die Lehre des Anaxagoras hier missverständlich dar. Anaxagoras schreibt: „Ursprünglich waren alle Dinge zusammen ...“ Dann kam es zu einer Trennung und es entstand als Urstoff eine ***„unendliche Menge von Samen****, die in nichts einander glichen. Denn auch von den andern Dingen gleicht kein einziges dem andern.“ [Fragment 46 nach: W. CAPELLE, Die Vorsokratiker (1935), S. 267 f.].*

19 **tantum** (*Adv.*): nur
20 **animatus**, -a, -um: belebt
21 **numero 1** (*inter* + *Akk.*): zählen (*zu*)

VOCABULARIUM

elementum, -i *n.*	Element; Grundstoff
spiritus, spiritus *m.*	Lufthauch
vocabulum, -i *n.*	Benennung; Wort
aër, aëris *m.* (*Akk.Sg.*: aëra)	Luft
cuncti, -ae, -a	alle
compono 3, composui, -positum	zusammenfügen
simplex, (*Gen.*: simplicis)	einfach
seu	oder
diversus, -a, -um	verschieden
species, speciei *f.*	Art
communis, commune	allgemein
opinio, opinionis *f.*	Meinung
tantum (*Adv.*)	nur
antiquus, -a, -um	alt
scilicet (*Adv.*)	offensichtlich

Die Lehre von den vier Elementen

*Die Frage nach dem **Urstoff**, aus dem die ganze Welt entstanden sei, stellten sich für uns erstmals fassbar die **ionischen Naturphilosophen**:*
*Allen voran behauptete **Thales von Milet** (erste Hälfte des 6. Jhdt. v. Chr.), der Urstoff allen Seins sei das* Wasser, ***Anaximandros** (611 - 549 v. Chr.), sein Schüler, sah als Ursache allen Seins das* Grenzenlose *(ápeiron) an, aus dem sich Kaltes, Warmes, Trockenes und Feuchtes absondere. Für **Anaximenes** (Ende 6. Jhdt. v. Chr.) war der Grundstoff der Welt die* Luft, *für **Heraklit** das* Feuer; ***Parmenides** (Ende 6. Jhdt. v. Chr.) und **Zenon von Elea** (erste Hälfte 5. Jhdt. v. Chr.) hingegen erkannten den Urstoff in der* Erde.
***Empedokles** (Anfang 5. Jhdt. v. Chr.) stellte erstmals die vier genannten Elemente gleichberechtigt nebeneinander (*Feuer, Wasser, Luft, Erde*).*
*Eine andere Ansicht lehrten die **Atomisten**, als deren wichtigster Vertreter **Demokrit** (460 – 370 v. Chr.) anzusehen ist: Die Weltbausteine seien nicht nur vier, sondern viele kleinste Teilchen.*
*Auch **Anaxagoras** (Anfang 5. Jhdt. v. Chr.) vertrat eine andere Ansicht: die Welt bestehe aus unendlich vielen Stoffen, die sich alle von einander qualitativ unterscheiden (so genannte „Keime“).*
Die Lehre von den vier Elemente prägte weit über ein Jahrtausend das Weltbild der Menschheit.
*Natürlich folgt auch **Plinius der Ältere** dieser Lehre, ebenso wie auch noch ca. 1500 Jahre später der in physikalischen Dingen sehr konservative **Melanchthon** (1497 – 1560). In seinem Werk „Initia doctrinae physicae“ vertritt er ganz bewusst die antiken Ansichten, um sich gegen die **heliozentrische Lehre** des **Kopernikus** zu stellen, dessen Lehren er dort „Possen“ nennt.*

Eine Welt aus Atomen

Córpora súnt porró[1] partím[2] primórdia[3] rérum,
pártim[2] cóncilió[4] quae cónstant príncipiórum[5].
Séd quae súnt rerúm primórdia, núlla potést vis
stínguere[6]. Nám solidó[7] vincúnt[8] ea córpore démum.
Etsi[9] difficile esse videtur credere quicquam
in rebus solido[10] reperiri corpore posse. (...)

Sed quia vera tamen ratio naturaque rerum
cogit, ades[11], paucis dum versibus expediamus[12]
esse ea, quae solido atque aeterno corpore constent,
semina, quae rerum[3] primordiaque esse docemus,
unde omnis rerum[13] nunc constet summa creata.

(Versmaß: Hexameter)

Das **Grundschema des Hexameters**:
–́◡◡ | –́◡◡ | –́ | ◡◡ | –́◡◡ | –́◡◡ | –́◡

1 **porro** (*Adv.*): weiters
2 **partim ... partim**: teils ... teils
3 **primordium**, -i *n.*: Ursprung; **primordium rerum**: Urkörperchen; Atom
4 **concilium**, -i *n.*: Vereinigung; *ordne:* **partim ‹ea›, quae concilio principiorum constant**
5 **principium**, -i *n.*: *hier:* Atom
6 **stinguo 3**, –: zerstören
7 **solido corpore**: aufgrund ihrer festen Konsistenz
8 **vinco 3**, vici, victum: *hier*: übrig bleiben
9 **etsi** *(ohne Nachsatz)*: *hier:* doch
10 **solido corpore** *(Abl. qualitatis)*: von fester Konsistenz
11 *Imperativ von* **adesse**; *im Sinne von:* „bleib hier, (Leser)!"; „habe Geduld!"
12 **expedio 4**: darlegen
13 **rerum summa creata**: (die geschaffene Gesamtheit der Dinge) = das All

Über die Atomlehre Demokrits und Epikurs

Die **Atomisten** behaupten, dass die Zerlegung der Stoffe bei den teillosen Stoffteilchen zum Stehen komme und sich nicht bis ins Unendliche fortsetzen lasse. *(Aetius 1,16,2)*
Demokrit behauptet, dass kein Atom aus dem anderen entstünde. Aber trotzdem ist die gemeinsame Substanz aller der Urstoff; nur, dass sich die einzelnen an Größe und Gestalt unterscheiden. *(Aristoteles, Physik 3,4,203a33)*
In einem Punkt waren **Epikur** und **Demokrit** verschiedener Meinung: der eine nahm an, dass sämtliche Atome ganz klein und daher durch unsere Sinne nicht wahrnehmbar seien; Demokrit dagegen meinte, dass es auch einzelne ganz große Atome gäbe. Die Existenz von Atomen aber lehren beide, und diese würden infolge ihrer unauflösbaren Festigkeit so genannt. *(Eusebios 14,23,2)*

Alle Zitate nach: W. CAPELLE, Die Vorsokratiker (1935), S. 396 und 401

VOCABULARIUM

solidus, -a, -um	fest	**consto 1**, constiti, –	bestehen; bleiben
demum (*Adv.*)	zuletzt	**semen**, seminis *n.*	Same; Grundstoff
dum (*Konjunktion*)	bis		
versus, versus *m.*	Vers		
aeternus, -a, -um	ewig		

Lukrez

__T. Lucretius Carus__ (94 – 55 v. Chr.) wurde oft als unrömischer Römer bezeichnet, weil er im Sinne __Epikurs__ auf die alten Werte der Römer keine Rücksicht nahm: Wollte er doch wie Epikur die Menschheit von Todesangst und von der Furcht vor den Göttern befreien. Bedeutsam ist, dass er als erster Römer ein ganzes philosophisches Gedankengebäude von den Griechen übernommen und für das römische Publikum aufbereitet hat. In seiner __Atomlehre__ folgt er __Demokrit__, in seiner __Ethik Epikur__.
Sein Werk __De rerum natura__ blieb lange Zeit fast ganz unbeachtet, im Mittelalter war es überhaupt verschollen. Erst 1417 entdeckte der italienische Humanist __Poggio__ eine Lukrezhandschrift. Damit begann der Siegeszug des Lukrez: Das Interesse an seinem Werk erwachte; 1473 wurde __De rerum natura__ gedruckt, sodass Lukrez der zweite antike Autor nach Vergil war, der früh in gedruckter Fassung vorlag.

ACTIVA ET CONTEMPLATIVA

- Was meint Lucretius mit **corpora**? Welche Unterscheidung trifft er?
- Welche Bezeichnungen findet Lucretius für „Atom“? Geh diesen Bezeichnungen mit Hilfe des Wörterbuches auf den Grund!
- Welche Eigenschaften haben die Atome bei Lucretius und Demokrit?
- Was sagt die Formulierung „vera tamen ratio naturaque rerum cogit“ über den Wahrheitsanspruch des Lucretius aus?
- Inwieweit unterscheidet sich die Lehre Demokrits und Epikurs von der heutigen Ansicht über Atome?

Porträt Demokrits auf der früheren griechischen 100-Drachmen-Banknote (1967)

Das Wunder magnetischer Steine

Degredienti[1] ad reliquorum lapidum insignes[2] naturas quis dubitet imprimis[3] magnetem occurrere? Quid enim mirabilius[4] aut qua[5] in parte naturae maior improbitas[6]? Dederat[7] vocem saxis, ut diximus, respondentem homini, immo vero et obloquentem[8]. Quid lapidis rigore pigrius? Ecce sensus manusque tribuit[9] illi. Quid ferri duritia[10] pugnacius[11]? Pedes ei impertivit[12] et mores. Trahitur[13] namque magnete lapide, domitrixque[14] illa rerum omnium materia ad inane nescio[15] quid currit[16] atque, ut propius venit, adsilit[17], tenetur amplexuque[18] haeret[19]. „Sideritim“[20] ob id alio nomine vocant, quidam „Heraclion“[21]. Magnes appellatus est ab inventore[22], ut[23] auctor est Nicander, in Ida[24] repertus. (…) Invenisse autem fertur[25] clavis[26] crepidarum[27] baculi[28] cuspide[29] haerentibus[19], cum armenta[30] pasceret. (…)

Omnes autem hi <magnetes lapides> oculorum medicamentis prosunt ad suam quisque portionem[31], maximeque epiphoras[32] sistunt. Sanant et adusta[33] cremati[34] tritique.

1 **degredior**, degréderis, degredi, degressus sum: herabgehen, hingehen; *ordne*: **quis dubitet imprimis magnetem occurrere degredienti ad …**
2 **insignis**, insigne: auffallend
3 **imprimis** (*Adv.*): ganz besonders
4 **mirabilis**, mirabile: wunderbar
5 **qua in parte naturae**: wo in der Natur
6 **improbitas**, improbitatis *f.*: Schlechtigkeit
7 **dederat ‹natura›**
8 **obloquor 3**, oblocutus sum: widersprechen
9 **tribuit ‹natura›**
10 **duritia**, -ae *f.*: Härte
11 **pugnax** (*Gen.*: pugnacis): kampflustig
12 **impertio 4**: schenken
13 **traho 3**, traxi, tractum: (an)ziehen
14 **domitrix**, domitricis *f.*: Bändigerin (*hier*: *Apposition zu* **materia**)
15 **nescio quid**: irgendetwas
16 **curro 3**, cucurri, cursum: laufen
17 **adsilio 4**, adsilui, –: hinspringen
18 **amplexus**, amplexus *m.*: Umschlingung
19 **haereo 2**, haesi, haesum: haften
20 **sideritis**, sideritis *m.*: Eisenstein
21 **heraclion** (*griech.*): Heraklion; *benannt entweder nach der Stadt Heraklea in Lydien oder nach dem Helden Herakles (Herkules) wegen seiner Kraft.*
22 **inventor**, inventoris *m.*: Entdecker
23 **ut auctor est Nicander**: wie der Autor Nikander berichtet (*Nikander: griechischer Dichter, ca. 150 v. Chr.*)
24 **Ida**, ae *f.*: Idagebirge (*in Kleinasien oder auf Kreta*)
25 **fertur ‹Magnes›**: Magnes (*der Entdecker des Magnetsteins*) soll … (*NcI!*)
26 **clavus**, -i *m.*: Nagel
27 **crepida**, -ae *f.*: Schuh
28 **baculum**, -i *n.*: Hirtenstab
29 **cuspis**, cuspidis *f.*: Spitze
30 **armentum**, -i *n.*: Vieh
31 **portio**, portionis *f.*: Verhältnis
32 **epiphora**, -ae *f.*: Katarrh
33 **adustum**, -i *n.*: Sonnenbrand
34 **cremati tritique ‹magnetes›**: gebrannte und im Mörser zerriebene Magnetsteine

VOCABULARIUM

lapis, lapidis *m.*	Stein	**materia**, -ae *f.*	Stoff
magnes, magnetis *m.*	Magnetstein	**inanis**, inane	leer; wertlos
saxum, -i *n.*	Stein	**pasco 3**, pavi, pastum	weiden lassen
immo	ja; *ablehnend*: nein	**medicamentum**, -i *n.*	Heilmittel
rigor, rigoris *m.*	Härte	**prosum**, prodes, prodesse, profui, –	nützen
piger, pigra, pigrum	*hier*: zäh	**sisto 3**, stiti, –	hemmen
sensus, sensus *m.*	Empfindung	**sano 1**	heilen
tribuo 3, tribui, tributum	zuteilen; verleihen		

Mineralogie bei Plinius

*In den **Büchern 36 und 37** seiner* **Naturalis Historia** *beschäftigt sich **Plinius** mit der **Mineralogie** und **Geologie**. Zwar sind viele Dinge in diesen Büchern auch heute noch staunenswert und interessant, von heutigen wissenschaftlichen Ansprüchen aber ist Plinius weit entfernt. Zuerst geht Plinius in diesen Büchern auf die Dinge ein, die der Mensch aus Gesteinen herstellt: Skulpturen und Bauwerke wie Obelisken, Pyramiden und das Labyrinth auf Kreta. Erst dann geht er auf diverse Gesteinsarten ein. Die Schilderungen und Beschreibungen des Plinius sind immer verquickt mit **moralischen** und **kulturhistorischen** Aspekten.*

ACTIVA ET CONTEMPLATIVA

- Was könnte mit **dederat vocem saxis, ut diximus, respondentem homini** gemeint sein?
- Welche Eigenschaften werden den Gesteinen, welche dem Eisen zugeschrieben?
- An welchen Formulierungen erkennt man, dass Plinius seine naturwissenschaftlichen Beobachtungen mit moralischen Erwägungen verquickt?

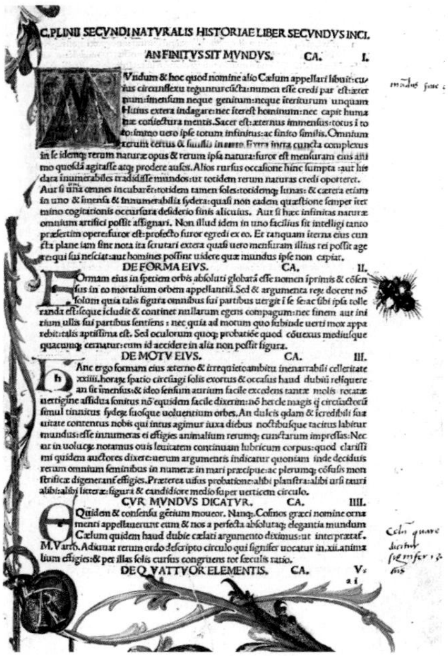

Reich geschmückte Seite eines frühen Drucks von Plinius' **Naturalis historia** *(Venedig, um 1480)*

Anleitung zu einem Experiment

Der deutsche Naturwissenschaftler und Mediziner Johann Friedrich Gmelin (1748 – 1804) veröffentliche 1789 in Band 9, p. 91, der Commentationes societatis regiae scientiarum Gottingensis folgenden Artikel:

Sumpsi[1] igitur minerae[2] a quartzo[3] intermisso[4] sollicite mundatae, tenerrime[5] comminutae et per cribrum[6] ex crinibus confectum traiectae[7] libram solidam[8]. Interterendo[9] miscui eam libram cum cinerum[10] clavellatorum similiter in pulverem subtilissimum contusorum libris duabus. Confusa materia replevi catillum[11] ex ferro[12] fuso confectum. Substravi ignem. Hunc sensim sensimque auxi ita, ut non catillus[11] modo canderet, sed materies inhaerens[13] aequabiliter quoque flueret[14]. Liquefactam[15] effudi in mortarium[16] ferreum. Ut[17] primum frigore in solidum statum redacta erat, erat[18] autem ex viridi atra. Comminuendam[15] pistillo[19] curavi. Comminutae[20] superfudi aquae distillatae libras duodecim, qua etiam catillum[11], crustula[21] illius materiae huc illuc adhuc obductum, elui.

Altero die partem aquae claram supernatantem[22] cum cura decantavi[23], alteram cum parte[24] non dissoluta in fundo subsidente concutiendo[25] mistam chartae in filtri[26] formam convolutae inieci[27], et humore omni traiecto[7], aquae distillatae iteratis rivis[28] materiam super chartam remanentem irrigando[29], quicquid adhuc salini[30] inerat, eluere temptavi.

1 *ordne*: **sumpsi igitur libram solidam minerae … mundatae … comminutae … traiectae**
2 **minera**, -ae *f.*: Mineral *(Scheelit)*
3 **quartzum**, -i *n.*: Quarz
4 **intermissus**, -a, -um: *hier*: dazwischen abgelagert
5 **tenerrime** (*Adv.*): sehr vorsichtig
6 **cribrum**, -i *n.*: Sieb
7 **traicio 3**, traieci, -iectum: *hier*: sieben
8 **solidus**, -a, -um: *hier*: voll
9 **intertero 3**, intertrivi, -tritum: zerreiben; **interterendo = interterens**
10 **cinis clavellatorum**: Pottasche
11 **catillus**, -i *m.*: Schüssel
12 **ferrum fusum**: Gusseisen
13 **inhaereo 2**, inhaesi, -haesum: *hier:* darin befinden
14 **fluo 3**, fluxi, –: flüssig (geschmolzen) sein
15 *ergänze* **materiam**
16 **mortarium**, -i *n.*: Mörser
17 **ut primum** (*Konj.*): sobald
18 **erat autem ex viridi atra**: es war nicht mehr grün, sondern schwarz
19 **pistillum**, -i *n.*: Stössel
20 **comminutae ‹materiei›**
21 **crustulum**, -i *n.*: *hier*: krustenartiger Rückstand
22 **supernato 1**: oben schwimmen
23 **decanto 1**: abgießen (*es wird hier also ein Teil des klaren Wassers über dem Bodensatz abgegossen*)
24 **pars non dissoluta in fundo subsidente**: Bodensatz
25 **concutiendo = concutiens**
26 **filtrum**, -i *n.*: Filter
27 **inicio 3**, inieci, -iectum (+ *Dat.*): *hier:* durchgießen
28 **rivus**, -i *m.*: *hier:* (Über-)Guss
29 **irrigando = irrigans**
30 **salinum**, -i *n.*: *hier*: salzähnliches Material

Das Element Wolfram

Die Beschäftigung mit dem Element **Wolfram,** *engl.* tungsten *(Abkürzung W; Ordnungszahl 74) hat eine bis ins Mittelalter zurückreichende Geschichte: Erstmals benannte* ***Georg Agricola*** *(vgl. S. 44f) ein wolframhältiges Mineral (Wolframit) 1546 als* ***„Spuma lupi"****. In der Mitte des 18. Jhdts war man zu der Annahme gelangt, dass in dem Mineral Wolframit ein Element enthalten sein könnte. Es gelang dann 1783, das Element* ***Wolfram*** *nach Forschungen der Chemiker Johann Gottlieb Lehmann, Johann Friedrich Gmelin, Carl Wilhelm Scheele, Juan José d'Elhuyar und seines Bruders Fausto zu isolieren. Wolfram wird heute z.B. in der* ***Stahlherstellung*** *oder als Glühdraht in* ***Glühbirnen*** *verwendet.*

ACTIVA ET CONTEMPLATIVA

- Man kann nebenstehenden Versuch in der Schule im Chemieunterricht nachkochen! Damit könnt ihr überprüfen, wie genau die Angaben Gmelins sind! Besprecht diesen Versuch mit eurem Chemieprofessor. Als Ausgangsstoff wird man Scheelitstein nehmen. Tut dann genau das, was Gmelin beschreibt (Scheelit zerkleinern – vom Quartzgestein trennen – mit Pottasche vermischen – erhitzen – eine Schmelze erzeugen – in destilliertes Wasser geben)!

  Siehe dazu: *Naturwissenschaften im Unterricht. Chemie. Heft 93 (2006) S. 44 – 47.*

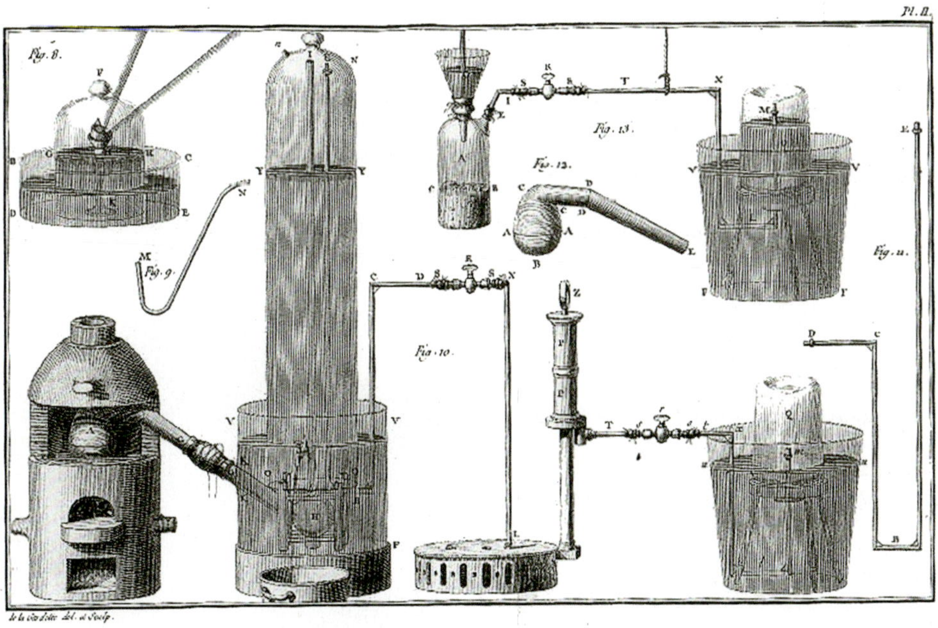

Chemische Apparaturen des 18. Jahrhunderts
(Illustration aus Antoine de Lavoisiers „Traité élémentaire de chimie", Paris 1789)

Naturgewalten

***Plinius der Ältere** versuchte im 1. Jhdt n. Chr. Erdbeben und Vulkanismus zu erklären:*

Ventos in[1] causa esse non dubium reor. Neque enim umquam intremiscunt[2] terrae nisi sopito[3] mari caeloque adeo tranquillo[4], ut volatus[5] avium non pendeant[6], subtracto[7] omni spiritu, qui vehit[8], nec umquam nisi post ventos, condito[9] scilicet in venas et cava[10] eius occulta flatu. Neque aliud est in terra tremor[11] quam in nube[12] tonitruum,[13] nec hiatus aliud quam cum fulmen[14] erumpit[15] incluso spiritu luctante[16] et ad libertatem exire nitente.
Eadem nascentium causa terrarum est, cum idem ille spiritus adtollendo[17] potens[18] solo non valuit erumpere (...) Nascuntur et alio modo terrae ac repente in aliquo mari emergunt, velut paria secum faciente[19] naturā, quaeque[20] hauserit[21] hiatus, alio loco reddente. (...) Ante nos et iuxta[22] Italiam inter Aeolias[23] insulas, item iuxta Cretam emersit MMD passuum una cum calidis fontibus, altera Olympiadis[24] CLXIII anno tertio in Tusco[25] sinu, flagrans[26] haec violento[27] cum flatu.

1 **in causa esse**: die Ursache sein
2 **intremisco 3**, intremui, –: erbeben
3 **sopitus**, -a, -um: schlafend
4 **tranquillus**, -a, -um: ruhig
5 **volatus**, volatus *m.*: Flug
6 **pendeo 2**, pependi, –: im Gleichgewicht sein
7 **subtraho 3**, subtraxi, -tractum: entfernen
8 **veho 3**, vexi, vectum: *hier*: tragen
9 **condo 3**, condidi, -ditum: verwahren; verbergen
10 **cavum**, -i *n.*: Hohlraum; **eius = terrae**
11 **tremor**, tremoris *m.*: Beben
12 **nubes**, nubis *f.*: Wolke
13 **tonitruum**, -i *n.*: Donnerrollen
14 **fulmen**, fulminis *n.*: Blitz
15 **erumpo 3**, erupi, -ruptum: hervorbrechen
16 **luctor 1**: ringen
17 **adtollo 3**, –: emporheben
18 **potens** (*Gen.*: potentis): mächtig; stark
19 **paria facere**: (Ausgaben und Einnahmen) ausgleichen
20 *Ordne*: **velut natura paria secum faciente <et ea>, quae hauserit hiatus, alio loco reddente**
21 **haurio 4**, hausi, haustum: verschlingen
22 **iuxta** (+ *Akk.*): nahe (*bei*)
23 **Aeoliae insulae** *f. Pl.*: die Äolischen Inseln (*nördl. von Sizilien*)
24 **Olympias**, Olympiadis *f.*: Olympiade (*Zeitraum von 4 Jahren; Zählung ab 776 v. Chr.*)
25 **sinus Tuscus** *m.*: Tyrrhenisches Meer
26 **flagro 1**: brennen
27 **violentus**, -a, -um: heftig

Die Vulkaninsel Stromboli, nördlichste der Äolischen Inseln

VOCABULARIUM

ventus, -i *m.*	Wind	**nitor**, níteris, niti, nisus (*od.* nixus) sum	sich anstrengen
dubius, -a, -um	zweifelhaft	**solum**, -i *n.*	Boden
reor, reris, reri, ratus sum	halten für	**valeo 2**, valui, –	können
umquam (*Adv.*)	jemals	**emergo 3**, emersi, -mersum	auftauchen
adeo (*Adv.*)	so sehr	**fons**, fontis *m.*	Quelle
avis, avis *f.*	Vogel	**calidus**, -a, -um	warm
scilicet (*Adv.*)	offensichtlich	**sinus**, sinus *m.*	Bucht
flatus, flatus *m.*	Wind		
hiatus, hiatus *m.*	Öffnung		

Geburt einer Vulkaninsel

Zum Vergleich: Der irische Heilige ***Brendan*** *(† 577) beobachtete auf einer abenteuerlichen Seefahrt auch die Entstehung einer Vulkaninsel*[1] ***(WB)****:*

Altera vero die apparuit illis mons altus in oceano contra plagam[2] septemtrionalem non longe quasi par tenues nubilas[3]. Sed valde fumosus erat in summitate[4] et statim rapidissimo cursu ventus traxit illos in litus insulae eiusdem, usque[5] dum navis resedit non longe a terra. Erat namque ripa illius[6] tantae altitudinis, ut summitatem[4] eius vix potuissent videre, et coloris carbonis et mirae magnitudinis, rectitudinis[7] sicut murus. (…) Iterum arripuit illos prosperus ventus ad australem[8] plagam[2]. Cum autem aspexissent a longe retro insulam, viderunt montem discoopertum[9] a fumo et a se spumantem flammas usque ad aethera et iterum ad se easdem flammas respirantem ita, ut totus mons usque in mare[10] unus rogus apparuisset[11].

1 *Navigatio S. Brendani, c. 21* (*gekürzt*)
2 **plaga**, -ae *f.*: Himmelsrichtung
3 **nubila**, -ae *f.* (*mittellat.*): Wolke; **par** (+ *Akk.*): gleich (+*Dat.*)
4 **summitas**, summitatis *f.*: Spitze
5 **usque dum**: bis
6 *ergänze*: **insulae**
7 **rectitudo**, rectitudinis *f.*: senkrechte Ausdehnung
8 **australis**, australe: südlich
9 **discoopertus = opertus**
10 **in mare = in mari** (*Rektionsvertauschung*)
11 **apparuisset = appareret**

Vulkanausbruch (Kupferstich aus Athanasius Kirchers Mundus subterraneus *von 1665)*

Möglichkeiten des Goldabbaus (1)

*Im 33. Buch seiner **Naturalis Historia** schildert **Plinius d. Ä.** ausführlich die Methoden des **Goldabbaus in der Antike**:*

Aurum invenitur in nostro orbe (...) tribus modis: Fluminum ramentis[1] (...) nec ullum[2] absolutius aurum est, ut[3] cursu ipso attrituque[4] perpolitum[5]. Alio modo puteorum[6] scrobibus[7] effoditur aut in ruina[8] montium quaeritur. Utraque ratio dicatur[9]. Aurum qui quaerunt, ante omnia „segutilum"[10] tollunt (ita vocatur indicium[11]). Alveus[12] hic est harenae[13], quae lavatur[14], atque ex eo, quod resedit[15], coniectura[16] capitur. Invenitur[17] aliquando in summa tellure protinus rara felicitate, ut nuper in Delmatia[18] principatu Neronis[19] singulis diebus etiam quinquagenas[20] libras fundens. Cum ita inventum est in summo caespite[21], „talutium"[22] vocant, si et aurosa[23] tellus subest. Cetero[24] montes Hispaniarum[25] aridi[26] sterilesque[27], et in quibus nihil aliud gignatur, huic bono fertiles[28] esse coguntur.

Quod[29] puteis[6] foditur, „canalicium"[30] vocant, alii „canaliense"[30] (...) Vagantur[31] hi venarum canales[32] per latera puteorum[6] et huc[33] illuc (...) Quod effossum est, tunditur[34], lavatur[14], uritur, molitur[35].

(Fortsetzung auf Seite 42)

1 **ramentum**, -i n. *hier*: Korn
2 **ullus**, -a, -um (*Gen.*: ullius): irgendein
3 **ut**: *hier*: da ja
4 **attritus**, attritus *m.*: Reibung
5 **perpolitus**, -a, -um: geputzt
6 **puteus**, -i *m.*: *hier*: Bergwerksschacht
7 **scrobis**, scrobis *m.*: Grube
8 **ruina**, -ae *f.*: Einsturz; Untergang
9 **dico 3**, dixi, dictum: *hier*: beschreiben
10 **segutilum**, -i *n.*: Segutilum; *unübersetzbarer Fachausdruck* (*terminus technicus*)*; noch heute nennt man in Kastilien die Erdoberfläche über goldhaltigen Ablagerungen* „segullo".
11 **indicium**, -i *n.*: *hier*: Hinweis (*auf Goldablagerungen*)
12 **alveus**, -i *m.*: Mulde
13 **harena**, -ae *f.*: Sand
14 **lavo 1**: auswaschen
15 **resido 3**, resedi, –: zurückbleiben
16 **coniectura**, -ae *f.*: Rückschluss (*auf die Reichhaltigkeit des Goldvorkommens*)
17 **invenitur ‹segutilum›**
18 **Delmatia**, -ae *f.*: Dalmatien
19 **Nero**, Neronis *m.*: Nero (*römischer Kaiser 54 – 68 n. Chr.*)
20 **quinquagenae librae**: 50 Pfund (*1 röm. Pfund = ca. 0,3 kg, also ca. 15 kg*)
21 **caespes**, caespitis *m.*: Rasen
22 **talutium**, -i *n.*: Talutium (*wie* **segutilum** *in Anm. 10*)
23 **aurosus**, -a, -um: goldhaltig
24 **cetero** (*Adv.*): im übrigen
25 **Hispaniae**, -arum *f.*: Spanien (*geteilt in Hipania citerior und ulterior; daher hier im Plural*)
26 **aridus**, -a, -um: trocken
27 **sterilis**, sterile: unfruchtbar
28 **fertilis**, fertile: ertragreich; **huic bono**: in diesem Gut
29 **<aurum>, quod**
30 **<aurum> canalicium** bzw. **canaliense**: (Gold) aus einer Goldader
31 **vagor 1**: sich verbreiten
32 **canalis**, canalis *m.*: Verlauf; Kanal
33 **huc illuc** (*Adv.*): hierhin und dorthin
34 **tundo 3**, tutudi, tusum: hämmern
35 **molo 3**, molui, molitum: zermahlen

VOCABULARIUM

absolutus, -a, -um	rein
(ef)fodio 3, (ef)fodi, -fossum	ausgraben
protinus (*Adv.*)	zusammenhängend
felicitas, felicitatis *f.*	Glück
libra, -ae *f.*	(röm.) Pfund
fundo 3, fudi, fusum	ausschütten
subsum, subes, subesse, –	darunter sein
gigno 3, genui, genitum	hervorbringen
vena, -ae *f.*	(Metall-)Ader
latus, lateris *n.*	Seite
uro 3, ussi, ustum	brennen

Bergbau in der Antike

__Plinius der Ältere__ schildert im 33. Buch seiner __Naturalis Historia__ sehr ausführlich die Methoden des __Goldabbaus__, wobei man festhalten kann, dass die Ausführungen für den gesamten antiken Bergbau gültig sind. Für Plinius ist das Vordringen in das Innere der „Mutter Erde“ an sich ein __Verbrechen__, zumal ja das gewonnene Gold nur Habgier, die gewonnenen Metalle, zu Waffen verarbeitet, nur Kriege hervorbringen. Plinius vermengt also in seinem Text die moralische mit der technischen Komponente.

Der __antike Bergbau__ war sehr aufwändig und gefährlich, dabei aber sehr ineffizient. Er benötigte eine ungeheure Menge von __Arbeitskräften__, die unter schlechtesten Bedingungen härteste Arbeit zu leisten hatten. In den großen Silberbergwerken in Attika arbeiteten z.B. bis zu 5000 Leute unter Tag. Die Gewinnung der gesuchten Materialien aus dem abgebauten Gestein war beschwerlich und nicht wirklich ergiebig: So wurde z.B. __Gold__ mit ungeheuren Wassermengen aus dem gebrochenen Gestein ausgewaschen, was zuweilen das Umleiten ganzer Flüsse notwendig machte. Noch heute erkennt man in Spanien Reste solcher ungeheuren Eingriffe in die Natur. Die Insel Elba war durch den durch Jahrhunderte andauernden großen Bedarf an Brennmaterial zur __Verhüttung__ des auf der Insel gewonnenen Eisenerzes in Hochöfen bis in die Zeit des Augustus fast völlig abgeholzt.

Die __größten Bergwerke__ gab es in der Antike in __Spanien__ (Gold, Erz), __Dakien__ (Silber, Kupfer, Blei, Eisen), __Attika__ (Silber, Blei, Zink), __Elba__ (Eisen), __Zypern__ (Kupfer), __Gallien__ (Eisen), __Noricum__ (Eisen) und __Britannien__ (Zinn). Im Tagbau wurde vor allem Marmor abgebaut (Ephesos, Norditalien).

Arbeiter in einem Bergwerk (griechisches Vasenbild, um 500 v. Chr.)

Möglichkeiten des Goldabbaus (2): Giganten im Berg

Tertia ratio opera vicerit[1] Gigantum[2]: Cuniculis[3] per magna spatia actis cavantur[4] montes lucernarum ad lumina. Eadem[5] mensura vigiliarum est, multisque mensibus non cernitur dies. „Arrugias“[6] id genus[7] vocant. Siduntque[8] rimae[9] subito et opprimunt[10] operatos[11], ut iam minus temerarium[12] videatur e profundo maris petere margaritas[13] atque purpuras[14]. Tanto nocentiores[15] fecimus terras! (...)

Occursant[16] in utroque[17] genere[7] silices[18]: hos igne et aceto rumpunt, saepius vero, quoniam id cuniculos[2] vapore et fumo strangulat[19], caedunt[20] fractariis[21] CL[22] libras ferri habentibus egeruntque[23] umeris[24] noctibus ac diebus per tenebras[25] proximis tradentes. Lucem novissimi[26] cernunt. Si longior videtur silex[18], latus sequitur fossor[27] ambitque[28]. Et tamen in silice facilior existimatur opera. Est namque terra ex quodam argillae[29] genere glarea[30] mixta prope inexpugnabilis[31]. Cuneis[32] eam ferreis[33] aggrediuntur[34] et iisdem malleis[35]. Nihilque durius putant, nisi[36] quod inter omnia auri fames durissima est.

1 **vicerit**: könnte übertreffen
2 **Gigas**, Gigantis *m.*: Gigant
3 **cuniculus**, -i *m.*: Stollen
4 **cavo 1**: aushöhlen
5 **eadem mensura vigiliarum est**: die Arbeitszeit ist immer gleich bemessen (*ohne Unterschied von Tag und Nacht!*)
6 **arrugia**, -ae *f.*: „Arrugia“; *unübersetzbarer Fachausdruck* (terminus technicus)*; tiefe Minen heißen in Spanien noch heute* arrugia.
7 **genus**, generis *n.*: *hier:* Abbaumethode
8 **sido 3**, sedi, sessum: sich senken
9 **rima**, -ae *f.*: Spalt; Stollen
10 **opprimo 3**, oppressi, -pressum: *hier*: verschütten
11 **operatus**, -i *m.*: Arbeiter
12 **temerarius**, -a, -um: verwegen; waghalsig
13 **margarita**, -ae *f.*: Perle
14 **purpura**, -ae *f.*: Purpur (*der Purpurschnecke*)
15 **nocens** (*Gen.*: nocentis): schädlich; gefährlich
16 **occurso 1**: begegnen
17 **utroque**: *gemeint sind die Abbaumethoden der* „Canales“ *(S. 40) und die der* „Arrugia“.
18 **silex**, silicis *m.*: *hier:* Ablagerung harten Gesteins
19 **strangulo 1**: ersticken
20 **caedo 3**, cecidi, caesum: schlagen; zerhauen
21 **fractaria**, -ae *f.*: Brechhammer
22 *150 römische Pfund sind ca. 49 kg!*
23 **ago 3**, egi, actum: *hier:* hinausschaffen
24 **umerus**, -i *m.*: Schulter
25 **tenebrae**, -arum *f. (Pl.)*: Finsternis
26 **novissimi**: die in der Reihe als letzte, nahe dem Ausgang Stehenden
27 **fossor**, fossoris *m.*: Leiter des Vortriebes
28 **ambio 4**: umgehen
29 **argilla**, -ae *f.*: Tonerde
30 **glarea**, -ae *f.*: Kies
31 **inexpugnabilis**, inexpugnabile: undurchdringbar
32 **cuneus**, -i *m.*: Keil
33 **ferreus**, -a, -um: eisern
34 **aggredior**, aggrederis, aggredi, aggressus sum: angreifen
35 **malleus**, -i *m.*: Hammer (*wie die oben genannten* fractariae)
36 **nisi quod**: außer dass

VOCABULARIUM

ago 3, egi, actum	treiben; verhandeln; tun
lucerna, -ae *f.*	Laterne
minor, minus	weniger
profundum, -i *n.*	Tiefe
acetum, -i *n.*	Essig
rumpo 3, rupi, ruptum	brechen
vapor, vaporis *m.*	Dampf
fumus, -i *m.*	Rauch
libra, -ae *f.*	(röm.) Pfund
ferrum, -i *n.*	Eisen
latus, lateris *n.*	Seite
opera, -ae *f.*	Arbeit
misceo 2, miscui, mixtum	vermischen
durus, -a, -um	hart

Lebensbedingungen im Bergwerk

*Die **Arbeiter** in den **Bergwerken** waren selten freie Handwerker, sondern meist aber **Sklaven**, die als menschliche Verschleißware bis zu ihrem Tod Zwangsarbeit leisten mussten. Oft wurden Verbrecher zur Arbeit im Bergwerk verurteilt (**ad metalla**). Die Lebenserwartung der in den damaligen Bergwerken arbeitenden Menschen war gering.*
*Der griechische Historiker **Diodorus Siculus** (ca. 90 – 30 v. Chr.) berichtet über diese bedauernswerten Menschen:*

> Die Zahl der in die Goldbergwerke verbannten Menschen ist sehr groß, und alle sind an den Füßen gefesselt und müssen ohne Unterbrechung Tag und Nacht arbeiten. Es gibt für sie kein Ausruhen und keine Möglichkeit zur Flucht. (…) Keiner findet Nachsicht oder Erholung, mag er krank, gebrechlich, alt oder eine schwache Frau sein. Alle werden in gleicher Weise durch Schläge zur Arbeit angetrieben, bis sie schließlich, von den Strapazen gebrochen, an ihren Leiden zugrunde gehen. Ihr Elend ist so groß, dass sie künftiges Leid noch mehr als das gegenwärtige fürchten, und die Strafen sind so hart, dass ihnen der Tod wünschenswerter als das Leben erscheint.
>
> (nach: Karl-Wilhelm Weeber, *Smog über Attika*, 1990, S. 82)

ACTIVA ET CONTEMPLATIVA

- Wer sind die „Giganten"? Welche moralische Beurteilung des Bergbaus lässt sich aufgrund der Erwähnung der „Giganten" in unserem Textausschnitt erkennen?
- In welchen Formulierungen geht Plinius besonders auf die harten Arbeitsbedingungen der Bergleute ein?

Das Leben der Bergleute im 16. Jahrhundert

In seinem Werk ***De re metallica*** *aus dem Jahre 1556 berichtet* ***Georg Agricola*** *über die Dauer der Arbeitsschichten in den Bergwerken das Folgende:*

Quoniam vero operarum[1] mentionem feci: quomodo[2] sese habeant, breviter explicabo. Diei et noctis horae quattuor et viginti divisae sunt in tres operas; quaeque autem opera est[3] septem horarum. Tres vero reliquae horae inter operas interiectae et tamquam mediae sunt, quibus operarii[4] accedunt ad fodinas[5] aut ab eis[6] discedunt.

Prima opera incipitur quarta[7] hora matutina et durat usque ad horam undecimam, secunda[8] duodecima inchohatur et perficitur septima. Quae duae operae sunt diurnae – in matutinam et pomeridiam divisae. Tertia nocturna est, quae octava hora vespertina capit exordium et tertia finitur.

Eam[9] vero magistratus[10] non concedit operariis, nisi necessitas flagitaverit: Tunc autem, sive ex puteis[11] extrahant aquam, sive fodiant venam[12], ad nocturnas lucernas pervigilant. Ne vero ex vigiliis aut ex lassitudine dormiant, cantu nec rudi prorsus[13] nec iniucundo duros et longos labores solantur.

1 **opera**, -ae *f.*: Arbeit; *hier:* Arbeitsschicht
2 **quomodo sese habeant**: wie sie eingeteilt sind
3 **est septem horarum**: ist sieben Stunden lang
4 **operarius**, -i *m.*: Bergmann
5 **fodina**, -ae *f.*: Bergwerk
6 **eis = iis**
7 **quarta hora matutina**: um vier Uhr Früh
8 **secunda ‹opera› duodecima ‹hora›**
9 **eam ‹nocturnam operam›**
10 **magistratus**, magistratus *m.*: Stadtbeamter
11 **puteus**, -i *m.*: Schacht; Stollen
12 **vena**, -ae *f.*: *hier:* Gang
13 **prorsus** (*Adv.*): völlig

Ein Bergwerk im 16. Jhdt. Illustration aus der Erstausgabe von „De re metallica" 1556

Verum uni fossori[1] duas operas[2] complere alibi[3] non licet, quod plerumque soleat aut somnum capere in fodina[4] defatigatus tantis laboribus, aut tardius accedere ad operas, aut ab eis discedere ocius, quam par sit; alibi[3] licet, quod unius operae mercede, praesertim si annona[5] ingravescat[6], vitam producere non possit. (...)

Sed operarii die[7] Saturni non laborant, verum mercantur ea, quae ad usus vitae sunt necessaria. Nec die[8] Solis aut festis diebus anniversariis laborare consueverunt, sed tum sacris[9] operam dant. Attamen operarii non cessant[10], si necessitas flagitaverit: nam alias[11] aquae multitudo eos compellit ad labores, alias[11] ruina, quae impendet, alias[11] aliud. Atque tum feriis laborare ne religioni quidem contrarium[12] habetur. Porro totum hoc genus operariorum durum est et ad labores natum.

1 **fossor**, fossoris *m.*: Bergmann
2 **opera**, -ae *f.*: Arbeit; *hier:* Arbeitsschicht
3 **alibi ... alibi**: einerseits ... andererseits
4 **fodina**, -ae *f.*: Bergwerk
5 **annona**, -ae *f.*: Getreidepreis
6 **ingravesco 3**: drückender werden; *hier:* sich erhöhen
7 **dies Saturni**: Samstag
8 **dies Solis**: Sonntag
9 **sacris operam do 1**: zur heiligen Messe gehen
10 **cesso 1**: Pause machen
11 **alias** (*Adv.*) **... alias**: einmal ... ein anderes Mal
12 **contrarium habere** (+ *Dat.*): als Gegensatz empfinden (*von*)

Bergbau in Mittelalter und früher Neuzeit

Bis ins Mittelalter wurden die Bergleute immer mehr zu ***hoch qualifizierten Facharbeitern****. Der technische Fortschritt und die reglementierten Arbeitsbedingungen machten das immer noch harte und gefährliche Leben der Bergleute erträglicher. Besonders Bergleute aus Deutschland, das vom Mittelalter bis in die Neuzeit hinein in der Bergwerkstechnik führend war, wurden zu auf der ganzen Welt gefragten Arbeitskräften.*

In seinem Werk ***De re metallica*** *aus dem Jahre 1556 gibt der aus Chemnitz stammende* ***Georg Agricola*** *einen Einblick in den hohen Standard der Bergwerkstechnik seiner Zeit.*

Bergleute bei der Arbeit. Illustration aus der Erstausgabe von „De re metallica“ 1556

Die Namen der Zahlen

Numero nummus nomen dedit, et a sui frequentatione vocabulum indidit. Unus a Graeco[1] nomen trahit[2]: Graeci enim unum ἕνα dicunt. Sic duo et tres, quos illi δύο et τρία appellant. Quattuor[3] vero a figura[4] quadrata nomen sumpserunt. Quinque autem non secundum naturam, sed secundum placitum[5] voluntatis vocabulum acceperunt ab eo, qui numeris nomina indidit. Sex autem et septem a Graeco[1] veniunt. In multis enim nominibus[6], quae in Graeco aspirationem[7] habent, nos pro aspiratione s ponimus. Inde est pro ἕξ sex, et pro ἑπτά septem. Octo vero per translationem, sicut illi et nos: ita illi ἐννέα, nos novem: illi δέκα, nos decem.

Über die Bedeutung der Zahlen: Zahlenmystik

Ratio[8] numerorum contemnenda non est. In multis enim sacrarum scripturarum locis, quantum mysterium habent, elucet. Non enim frustra in laudibus Dei dictum est[9]: „Omnia in mensura et numero et pondere fecisti." Senarius[10] namque numerus[10], qui partibus suis perfectus est, perfectionem mundi quadam numeri sui significatione declarat. Similiter et quadraginta dies, quibus Moyses[11] et Helias[12] et ipse Dominus ieiunaverunt, sine numerorum cognitione non intelleguntur. Sic et alii in scripturis sacris numeri existunt, quorum figuras[13] non nisi noti[14] huius artis scientiae solvere possunt. (...)
Tolle numerum in rebus omnibus, et omnia pereunt. Adime saeculo[15] conputum[16], et cuncta ignorantia caeca conplectitur, nec differri potest[17] a ceteris animalibus, qui calculi[18] nesciunt rationem[18].

1 **Graeco ‹vocabulo›**
2 **traho 3**, traxi, tractum: *hier*: herleiten
3 *Die Zahlen werden hier als pluralische Substantiva verstanden. Im Deutschen Singular!*
4 **figura quadrata**: Quadrat
5 **placitum**, -i *n.*: Meinung
6 **nomen**, nominis *n.*: *hier*: Wort; Bezeichnung
7 **aspiratio**, aspirationis *f.*: Hauchlaut, anlautendes „h"
8 **ratio**, rationis *f.*: *hier*: Bedeutungshintergrund
9 *AT, Weish. 11,21*
10 **senarius numerus**: die Zahl Sechs
11 **Moyses**, Moysis *m.*: Moses
12 **Helias** (*indekl.*): Elias (*Prophet*)
13 **figura**, -ae *f.*: *hier*: Metapher
14 **noti huius artis scientiae**: diejenigen, die sich in dieser Kunst (= *Zahlenmystik*) auskennen
15 **saeculum**, -i *n.*: *hier*: diesseitige Welt
16 **conputum**, -i *n.*: Rechnen
17 **potest ‹homo›**
18 **calculi ratio**: Rechenkunst

Mathematik in der Antike

Wie man dem Text des ***Isidor*** *entnehmen kann, ist den Römern und den in deren Tradition stehenden Gelehrten durchaus bewusst gewesen, dass die dominierenden Geistesgrößen der antiken Mathematik in Griechenland zu suchen waren. Wir kennen heute noch die klingenden Namen griechischer Mathematiker wie z.B. Thales, Pythagoras und Euklid.* ***Thales*** *ist als Namensgeber für den* ***Thaleskreis*** *und für das Verfahren der Höhenberechnung bei Pyramiden bekannt geworden.* ***Pythagoras****, nach dem der* ***Lehrsatz zu rechtwinkeligen Dreiecken*** *benannt ist, ging von der Lehre aus, dass die ganze wahrnehmbare Wirklichkeit in mathematischen Zahlenverhältnissen zu beschreiben ist. Er begründete eine Schule, deren Mitglieder nach strengen Regeln zu leben hatten.* ***Euklid*** *wurde durch seine Forschungen auf dem Gebiet der* ***Geometrie****, aber auch durch seine Arbeiten über* ***Primzahlen*** *und über die* ***Zahlentheorie*** *insgesamt bekannt.*

Die Römer brachten keine so bedeutenden Mathematiker hervor. Ihr Verdienst auf diesem Gebiet liegt in der Vermittlung des griechischen Wissens für das europäische Mittelalter.

Rechnen im antiken Rom

Das wichtigste Recheninstrument in Rom war der ***Abakus****, eine Rechentafel, die im Prinzip stark an die Kugelrechenmaschinen erinnert, mit denen Kindern in der Volksschule die Grundlagen der Mathematik veranschaulicht werden. Der Abakus konnte aber sehr vielfältig auch zu komplizierten Rechenoperationen mit beliebig großen Zahlen verwendet werden. Vor allem im asiatischen Raum ist der Abakus auch heute noch in Gebrauch; geübte Rechner können auf einem solchen Gerät zumindest genau so schnell rechnen wie mit einem Taschenrechner.*

Eine Beschreibung des Abakus und Anleitungen zu den Rechenoperationen damit findet man auf der sehr guten Internetseite:

http://www.benjaminwrightson.de/abakus/homepage.htm

Römischer Abakus (Bronze, 2. Jhdt. nach Chr. Bibliothéque nationale de France, Paris)

Astronomie: Das alte Weltbild

Im so genannten „Somnium Scipionis" wird dem römischen Politiker und Eroberer Karthagos, ***Scipio*** *(2. Jhdt. v. Chr.), erklärt, dass gute Staatsmänner nach ihrem Tod einen Platz am Fixsternhimmel sicher haben. In diesem Zusammenhang erfährt er auch, wie der Kosmos aufgebaut ist:*

Novem tibi orbibus vel potius[1] globis[2] conexa[3] sunt omnia, quorum unus est caelestis[4], extimus[5], qui reliquos omnes complectitur, summus ipse deus arcens[6] et continens ceteros; in quo sunt infixi[7] illi, qui volvuntur[8], stellarum cursūs sempiterni[9]. Cui subiecti sunt septem, qui versantur retro[10] contrario motu atque[11] caelum. Ex quibus summum globum[2] possidet illa, quam in terris Saturniam[12] nominant. Deinde est hominum generi prosperus[13] et salutaris[14] ille fulgor[15], qui dicitur Iovis[16]; tum rutilus[17] horribilisque[18] terris, quem Martium[19] dicitis; deinde subter[20] mediam fere regionem Sol obtinet, dux et princeps et moderator[21] luminum reliquorum, mens mundi et temperatio[22], tanta magnitudine, ut cuncta suā luce lustret[23] et compleat. Hunc ut comites consequuntur Veneris alter, alter Mercurii[24] cursus, in infimoque[25] orbe Luna radiis[26] Solis accensa[27] convertitur. Infra[28] autem iam nihil est nisi mortale[29] et caducum[30] praeter animos munere deorum hominum generi datos; supra Lunam sunt aeterna omnia. Nam ea, quae est media et nona, Tellus, neque movetur et infima[25] est, et in eam feruntur omnia nutu[31] suo pondera.

1 **potius**: eher; *mit* **tibi** *ist Scipio gemeint*
2 **globus**, -i *m.*: Sphäre (*Hohlkugel*)
3 **conecto 3**, conexui, -nexum: verbinden
4 **caelestis**, caeleste: himmlisch
5 **extimus**, -a, -um: äußerster
6 **arceo 2**, -ui, –: zusammenhalten
7 **infixus**, -a, -um: fixiert; **illi … stellarum cursus**: *gemeint sind die Fixsterne*
8 **volvo 3**, volvi, volutum: drehen; *Pass.*: kreisen
9 **sempiternus**, -a, -um: immerwährend
10 **retro** (*Adv.*): zurück
11 **atque**: *hier*: wie (*nach Wörtern des Vergleichs*)
12 **Saturnius**, -a, -um: des Saturn
13 **prosper**, prospera, prosperum (+ *Dat.*): günstig (*für*)
14 **salutaris**, salutare (+ *Dat.*): heilbringend (*für*)
15 **fulgor**, fulgoris *m.*: strahlender Planet
16 **qui dicitur ‹esse› Iovis** (*Gen. des Besitzes*)
17 **rutilus**, -a, -um: rötlich
18 **horribilis**, horribile (+ *Dat.*): schrecklich (*für*); **terris = hominibus**
19 **Martius**, -a, -um: des Mars
20 **subter** (*Adv.*): darunter
21 **moderator**, moderatoris *m.*: Lenker
22 **temperatio**, temperationis *f.*: Ordnerin
23 **lustro 1**: erleuchten
24 **Mercurius**, -i *m.*: Merkur
25 **infimus**, -a, -um: ganz unten
26 **radius**, -i *m.*: Strahl
27 **accensus**, -a, -um: erhellt
28 **infra** (*Adv.*): unterhalb
29 **mortalis**, mortale: sterblich
30 **caducus**, -a, -um: vergänglich
31 **nutus**, nutus *m.*: Schwerkraft

VOCABULARIUM

vel	oder; wohl	**cuncti**, -ae, -a	alle
complector, complécteris, complecti, complexus sum	umfassen	**Venus**, Veneris *f.*	Venus
contineo 2, continui, -tentum	behalten; zurückhalten; *hier*: umschließen	**converto 3**, converti, -versum	*pass.*: sich drehen; *akt.*: (in eine neue Richtung) wenden
subicio 3, subieci, -iectum	unterwerfen	**animus**, -i *m.*	Geist; Sinn; Gesinnung
versor 1	sich drehen; sich befinden	**munus**, muneris *n.*	Geschenk; Aufgabe
contrarius, -a, -um	entgegengesetzt	**aeternus**, -a, -um	ewig
possideo 2, possedi, possessum	besitzen	**fero**, fers, ferre, tuli, latum	*pass.*: eilen; *akt.*: tragen; bringen
regio, regionis *f.*	Gebiet; *hier*: Bereich	**pondus**, ponderis *n.*	Gewicht

ACTIVA ET CONTEMPLATIVA

- Cicero referiert hier das geozentrische Weltbild, wie es u. a. auch die Philosophenschule der Stoá vertrat: Womit setzen die Stoiker die oberste Himmelssphäre gleich? Welche Grenze stellt für sie der Mond dar? Welchen Platz nimmt die Erde in ihrem System ein?
  Fertigt eine Skizze oder ein Modell des von Cicero hier vorgestellten Weltbildes an!

Weltbild in der Antike

Zwar hatte ***Aristarch von Samos*** *(3. Jhdt. v. Chr.) die Sonne ins Zentrum des Kosmos gerückt, doch war in der Antike das geozentrische Weltbild vorherrschend. Das hatte nicht zuletzt seinen Grund in der Autorität des* ***Aristoteles****, der sich die träge Erde in der Mitte des Kosmos dachte. Der bedeutendste Astronom der Antike,* ***Klaudios Ptolemaios*** *(2. Jhdt. n. Chr.), setzte ebenso die Erde ins Zentrum. Nach ihm spricht man auch vom „ptolemäischen Weltbild“, das bis in die Neuzeit maßgeblich blieb. Seine* ***„Megíste sýntaxis“*** *(„Große Zusammenstellung“), mit der er die Arbeiten früherer Astronomen zusammenfasste und verbesserte, wurde auch von den Arabern übersetzt, die ihr den Titel „Almagest“ gaben.*
Von Ptolemaios stammt auch ein Epigramm in elegischen Distichen, das in seiner lateinischen Übersetzung[1] *so lautet (Übersetze mit Hilfe des Wörterbuchs!):*

Cóttidié moriór fateórque: Sed ínter Olýmpi[2]
  dúm tenet ádsiduás[3] mé mea cúra viás,
nón pedibús terrám contíngo, sed ánte Tonántem[4]
  néctare díviná páscor[5] et ámbrosiá.

(*Elegisches Distichon*)

1 *Text aus M. Schuster, Spätlatein, Mittellatein, Neulatein (Wien 1929), S. 141*
2 **Olympus**, -i *m.* = **caelum**
3 **adsiduus**, -a, -um: beständig
4 **Tonans**, Tonantis *m.*: Zeus
5 **pascor 3**: sich weiden; **divinā** *gramm. zu* **ambrosiā**, *inhaltl. auch zu* **nectare**

Astronomie: Kopernikus

Nikolaus Kopernikus berichtet in seiner an Papst Paul III. gerichteten Vorrede zu seinem Werk ***De revolutionibus orbium caelestium*** *aus dem Jahr 1543 (S. 4), wie er über die Bewegung der Planeten und der Erde zu forschen begann:*

Incertitudinem[1] mathematicarum[2] traditionum de colligendis[3] motibus[4] sphaerarum orbis cum diu mecum revolverem[5], coepit me taedere[6], quod nulla certior ratio motuum machinae[7] mundi constaret. (...) Quare hanc mihi operam sumpsi, ut omnium philosophorum, quos habere possem, libros relegerem[8] indagaturus[9], anne[10] ullus umquam opinatus[11] esset alios esse motus[4] sphaerarum mundi quam[12] illi ponerent[13], qui in scholis[14] mathemata[15] profiterentur[16]. Ac repperi quidem apud Ciceronem primum Nicetum[17] sensisse terram moveri. Postea et apud Plutarchum[18] inveni quosdam alios in ea fuisse opinione[19]. Inde igitur occasionem nactus coepi et ego de terrae mobilitate[20] cogitare. Et quamvis absurda[21] opinio[19] videbatur, tamen quia sciebam aliis ante me hanc concessam libertatem, ut quoslibet[22] fingerent circulos ad demonstrandum phaenomena[23] astrorum[24], existimavi mihi quoque facile permitti, ut experirer, an posito[13] terrae aliquo motu firmiores[25] demonstrationes[26] inveniri in revolutione[27] orbium caelestium[28] possent.

[1] **incertitudo**, incertitudinis *f.*: Unsicherheit; *ordne*: **Cum incertitudinem de ... diu mecum revolverem**, ...
[2] **mathematica traditio** (*Gen.*: mathematicae traditionis) *f.*: die bisherige mathematische Forschung
[3] **colligo 3**, collegi, -lectum: *hier*: berechnen
[4] **motus sphaerarum** (*Gen.*: motus sphaerarum) *m.*: Umläufe der Sphären
[5] **revolvo 3**, revolvi, -volutum: *hier*: immer wieder durchdenken
[6] **taedet, taedere 2** (+ *Akk.*): Überdruss schaffen (*jemandem*)
[7] **machina mundi** (*Gen.*: machinae mundi) *f.*: Weltmaschine (*die Zusammenhänge der Planetenbewegungen im Kosmos werden mit einer Maschine verglichen*)
[8] **relego 3**, relegi, -lectum: wieder durchlesen
[9] **indago 1**: untersuchen
[10] **anne** (= **an** + **ne**): ob
[11] **opinor 1**: glauben; meinen
[12] **quam** (motus, quos) **illi ponerent**
[13] **pono 3**, posui, positum: *hier*: annehmen
[14] **schola**, -ae *f.*: Schule
[15] **mathema**, mathematis *n.*: Mathematik
[16] **profiteor 2**, professus sum: *hier*: unterrichten
[17] **Nicetus**, -i *m.*: *Kopernikus meint in Wirklichkeit* ***Hiketas*** *von Syracus (4. Jhdt. v. Chr; Cic. Luc. 123)*
[18] **Plutarchus**, -i *m.*: Plutarch (*ca. 45 – 125, griechischer Autor biographischer und philosophischer Werke*)
[19] **opinio**, opinionis *f.*: Meinung
[20] **mobilitas**, mobilitatis *f.*: Bewegung
[21] **absurdus**, -a, -um: unpassend; unsinnig
[22] **quilibet**, quaelibet, quodlibet: beliebig
[23] **phaenomenon**, phaenomeni *n.*: Erscheinung
[24] **astrum**, -i *n.*: Gestirn
[25] **firmus**, -a, -um: *hier*: zuverlässig
[26] **demonstratio**, demonstrationis *f.*: Deutung
[27] **revolutio**, revolutionis *f.*: Umlaufbahn
[28] **caelestis**, caeleste: himmlisch

VOCABULARIUM

consto 1, constiti, –	fest stehen	**circulus**, -i *m.*	Kreisbahn
opera, -ae *f.*	Arbeit	**permitto 3**, permisi, -missum	erlauben
umquam (*Adv.*)	jemals	**experior 4**, expertus sum	erproben; prüfen
igitur	also	**an**	ob; oder
occasio, occasionis *f.*	Gelegenheit		
cogito 1	nachdenken		
quamvis	wenn auch		
fingo 3, finxi, fictum	darstellen; *hier*: annehmen		

Nikolaus Kopernikus

Nikolaus Kopernikus *(Nikolas Koppernigk, 1473 – 1543) wurde im ostpreußischen Thorn (heute Toruń in Polen) geboren und studierte an der Krakauer Universität Astronomie, Mathematik, Philosophie und lateinische Literatur. Danach ging er einige Jahre nach Italien, wo er in Bologna, Padua und Ferrara Jus, Medizin, Astronomie und Mathematik studierte. Schließlich wurde er* ***Domherr*** *in Frauenburg (heute Frombork in Polen), was ihm – obwohl er nie zum Priester geweiht worden war – stets einen sicheren Lebensunterhalt garantierte. Dort betrieb er seine Studien über das heliozentrische Weltbild. Sein Hauptwerk,* ***De revolutionibus orbium caelestium****, erschien 1543, in seinem Todesjahr. Die Wirkung der Forschungen des Kopernikus kann nicht hoch genug eingeschätzt werden: Die Arbeiten von Wissenschaftlern wie* ***Johannes Kepler****,* ***Tycho Brahe****,* ***Giordano Bruno*** *und* ***Galileo Galilei*** *fußen darauf.*

ACTIVA ET CONTEMPLATIVA

- Informiere dich über das Weltbild vor und nach Kopernikus. Was war die revolutionäre Entdeckung des Kopernikus?
- Warum weist Kopernikus so deutlich auf die antike Tradition hin? Welchem Vorwurf will er mit der Bemerkung „… *quia sciebam aliis ante me hanc concessam libertatem, ut quoslibet fingerent circulos*“ ausweichen?
- Welches Schicksal erfuhren das Werk und die Erkenntnisse des Kopernikus in der Auseinandersetzung mit der Kirche?

Jan Matejko,
Kopernikus beim Beobachten der Gestirne
(Ölgemälde, 1872. Matejko-Museum, Krakau)

Astronomie: Eine folgenreiche Entdeckung

Der deutsche Astronom ***Simon Marius*** *berichtet in seinem* ***„Mundus Iovialis“*** *(„Jupiters Welt“) von einer Anschaffung, die ihm völlig neue Erkenntnisse brachte:*

Interim[1] divulgantur[2] in Belgio[3] eius modi perspicilla[4] et transmittitur[5] unum satis bonum, quo valde delectabamur[6]. Quod factum est in aestate anni 1609. Ab hoc tempore coepi cum hoc instrumento inspicere caelum et sidera. (...) Tunc primum aspexi[7] Iovem, qui versabatur in opposito[8] Solis et deprehendi stellulas[9] exiguas, modo post, modo ante Iovem in linea[10] recta cum Iove. Primum ratus[11] sum illas esse ex numero illarum fixarum[12], quae alias[13] absque instrumento hoc cerni nequeunt[14], quales in via lactea[15], Pleiadibus[15], Hyadibus[15], Orione[15], aliisque in locis a me deprehendebantur. Cum autem Iupiter tum esset retrogradus[16], et ego nihilominus[17] hanc stellarum concomitantiam[18] viderem per Decembrem[19], primum valde admiratus[20] sum, post vero paulatim in hanc descendi opinionem[21], videlicet[22] quod stellae hae circum Iovem ferrentur, prout quinque solares[23] planetae Mercurius, Venus, Mars, Iupiter et Saturnus circa[24] solem circumaguntur[25]. Itaque coepi annotare[26] observationes, quarum prima fuit die 29. Decembris[18]. (...) Galilaeus[27] in suo „Nuncio sidereo“ vocat illos (quattuor Iovis asseclas[28]) sidera Medicea[29], hanc praecipue ob causam, quia scilicet ipse Florentiae[30] natus et educatus[31] est, sub Domino Magnorum[32] Ducum Hetruriae, qui per multos iam annos ex illustri[33] familia Medicea[28] oriundi[34] fuerunt.

1 **interim** (*Adv.*): unterdessen
2 **divulgo 1**: bekannt machen
3 **Belgium**, -i *n.*: Belgien
4 **perspicillum**, -i *n.*: Fernrohr
5 **transmitto 3**: überlassen; *ergänze*: **nobis**
6 **delecto 1**: erfreuen
7 **aspicio 3**, aspexi, -spectum: erblicken
8 **in opposito** (+ *Gen.*): gegenüber (+ *Dat.*)
9 **stellula**, -ae *f.*: kleiner Stern
10 **linea**, -ae *f.*: Linie
11 **reor 2**, ratus sum: glauben
12 **fixa ‹stella›** (-ae *f.*): Fixstern
13 **alias** (*Adv.*): sonst
14 **nequeo**, -is, -ire: nicht können
15 **lacteus**, -a, -um: Milch-; **Pleiades**; **Hyades**, **Orion**: Sternbilder
16 **retrogradus**, -a, -um: zurücktretend
17 **nihilominus**: nichtsdestoweniger
18 **concomitantia**, -ae *f.*: Begleitung
19 **Decembris ‹mensis›**: Dezember
20 **admiror 1**: sich wundern
21 **opinio**, opinionis *f.*: Ansicht
22 **videlicet quod**: dass nämlich
23 **solares planetae**: Planeten der Sonne (*die mit freiem Auge sichtbar sind*: Merkur, Venus, Mars, Jupiter und Saturn)
24 **circa** (+ *Akk.*) = **circum** (+ *Akk.*)
25 **circumago 3**: *Pass.*: sich rundherum bewegen
26 **annoto 1**: notieren
27 **Galilaeus**, -i *m.*: Galileo Galilei (*mit seinem Werk* **„Nuncius sidereus“** – „Sternenbote“)
28 **assecla**, -ae *m.*: Trabant; Mond
29 **Mediceus**, -a -um: der Medici (*Fürsten in Florenz*)
30 **Florentia**, -ae *f.*: Florenz (*ital. Stadt*)
31 **educo 1**: erziehen
32 **Magni duces Hetruriae**: Großherzöge der Toskana
33 **illustris**, illustre: berühmt
34 **oriundus**, -a, -um (+ *Abl.*): stammend (*aus*)

VOCABULARIUM

valde (*Adv.*)	sehr	**absque** (+ *Abl.*)	ohne
aestas, aestatis *f.*	Sommer	**qualis**, quale	wie (beschaffen)
instrumentum, -i *n.*	Instrument	**via**, -ae *f.*	Straße; Weg
inspicio 3, inspexi, -spectum	anschauen	**descendo 3**, descendi, -scensum	herabsteigen; *hier*: gelangen
versor 1	sich befinden; sich drehen	**fero**, fers, ferre, tuli, latum	*pass.*: eilen; *akt.*: tragen; bringen
deprehendo 3, deprehendi, -prensum	ergreifen; *hier*: entdecken	**prout**	so wie
exiguus, -a, -um	winzig	**observatio**, observationis *f.*	Beobachtung
modo … modo	bald … bald		
rectus, -a, -um	gerade	**praecipuus**, -a, -um	hauptsächlich
fixus, -a, -um	fixiert	**scilicet** (*Adv.*)	offensichtlich

Die Entdeckung der Jupiter-Monde

Anfang 1610 entdeckte der Italiener ***Galileo Galilei*** *vier Himmelskörper, die um den Planeten Jupiter kreisten. Kurze Zeit später legte er in seinem „Sternenboten“ (****„Nuncius sidereus“****) seine Beobachtungen der Öffentlichkeit vor. Etwa zur gleichen Zeit wie Galilei entdeckte der deutsche Astronom* ***Simon Marius*** *die vier Jupitermonde. Die Ergebnisse seiner Beobachtungen veröffentlichte er allerdings erst 1614, sodass Galilei den Ruhm für die Entdeckung der Jupitermonde und dadurch auch für den Nachweis der Richtigkeit des kopernikanischen Weltbildes (vgl. dazu den Band „Europa“ aus der Reihe „Latein-Lektüre aktiv!“, S. 48f) allein einstreifen konnte. Die Benennung der vier großen Jupitermonde nach Geliebten des Göttervaters (****Io****,* ***Europa****,* ***Callisto*** *und* ***Ganymed****) geht hingegen auf Simon Marius zurück (vgl. den Band „Europa“ aus der Reihe „Latein-Lektüre aktiv!“, S. 21)*

ACTIVA ET CONTEMPLATIVA

- Wodurch wurde die folgenreiche Entdeckung eines Galilei bzw. Simon Marius erst möglich? Welche neue Erkenntnis machten die beiden Astronomen?
- Wie benannte Galilei die neu entdeckten Himmelskörper und warum tat er dies so?
- Informiert euch im Physikunterricht über die Jupitermonde! Wie viele kennt man heute?

Simon Marius
(Porträt aus dem Erstdruck des Mundus Iovialis, *Nürnberg 1614)*

Zoologie: Der Elefant

Im achten Buch seiner ***Naturalis Historia*** *gibt* ***Plinius der Ältere*** *einen Überblick über die Landtiere. Manche Beobachtungen erscheinen heute eher kurios…*

Maximum <animal terrestre> est elephans proximumque humanis sensibus, quippe intellectus illis[1] sermonis[2] patrii[3] et imperiorum oboedientia[4], officiorum, quae didicēre[5], memoria, amoris et gloriae voluptas, immo vero, quae etiam in homine rara, probitas[6], prudentia[7], aequitas, religio[8] quoque siderum solisque ac lunae veneratio[9]. Auctores[10] sunt in Mauretaniae[11] saltibus[12] ad quendam amnem, cui nomen est Amilo, nitescente[13] luna nova greges[14] eorum descendere ibique se purificantes sollemniter[15] aqua circumspergi[16] atque ita salutato sidere in silvas reverti vitulorum[17] fatigatos prae[18] se ferentes.

Alienae[19] quoque religionis intellectu creduntur[20] maria transituri non ante naves conscendere[21] quam invitati rectoris[22] iureiurando de reditu[23]; visique sunt fessi[24] aegritudine – quando[25] et illas moles infestant[26] morbi – herbas[27] supini[28] in caelum iacientes[29], veluti[30] tellure precibus allegatā.

Nam, quod docilitatem[31] attinet, regem adorant, genua[32] submittunt[33], coronas[34] porrigunt[35]. (…)

1 **illis** ‹**est**›: *Dativus possessivus*
2 **sermo**, sermonis *m.*: Rede; Sprache
3 **patrius**, -a, -um: väterlich
4 **oboedientia**, -ae *f.*: Gehorsam
5 **didicēre = didicerunt**
6 **probitas**, probitatis *f.*: Redlichkeit
7 **prudentia**, -ae *f.*: Klugheit
8 **religio**, religionis *f.*: Verehrung
9 **veneratio**, venerationis *f.*: Huldigung
10 **auctores sunt** (+ *AcI*): es gibt Schriftsteller, die berichten, dass
11 **Mauretania**, -ae *f.*: Mauretanien *(im heutigen Marokko)*
12 **saltus**, saltus *m.*: waldiges Tal
13 **nitesco 3**, –: glänzen
14 **grex**, gregis *m.*: Herde
15 **sollemniter** (*Adv.*): feierlich
16 **circumspergo 3**, circumsparsi, -sparsum: rundherum bespritzen
17 **vitulus**, -i *m.*: (Elefanten-)Kalb
18 **prae** (+ *Abl.*): vor
19 **alienae quoque religionis intellectu**: aufgrund der Wahrnehmungsfähigkeit von gegenseitigen Verpflichtungen
20 *Ordne den NcI so*: **<elephanti> maria transituri creduntur non ante naves conscendere …**
21 **conscendo 3**, conscendi, -scensum: besteigen
22 **rector**, rectoris *m.*: Kapitän
23 **reditus**, reditus *m.*: Rückkehr
24 **fessus**, -a, -um: ermattet
25 **quando**: weil
26 **infesto 1**: gefährden
27 **herba**, -ae *f.*: Gras
28 **supinus**, -a, -um: auf dem Rücken liegend
29 **iacio 3**, ieci, iactum: werfen
30 **veluti tellure precibus allegatā**: wie wenn sie die Erde als Fürsprecherin nehmen wollten
31 **docilitas**, docilitatis *f.*: Gelehrigkeit
32 **genu**, genus *n.*: Knie
33 **submitto 3**, submisi, -missum: *hier:* beugen
34 **corona**, -ae *f.*: Krone; Kranz
35 **porrigo 3**, porrexi, -rectum: übergeben

VOCABULARIUM

terrestris, terrestre	Land-...
quippe	denn
intellectus, intellectus *m.*	Verständnis
imperium, -i *n.*	Befehl; Reich; Herrschaft; Befehlsgewalt
disco 3, didici, –	lernen
amor, amoris *m.*	Liebe
voluptas, voluptatis *f.*	Vergnügen
immo (vero)	ja (sogar)
aequitas, aequitatis *f.*	Gerechtigkeit
amnis, amnis *m.*	Fluss
descendo 3, descendi, -scensum	herabsteigen
purifico 1	reinigen
saluto 1	grüßen
fatigo 1	ermüden
invito 1	einladen
moles, molis *f.*	(Körper-)Masse
aegritudo, aegritudinis *f.*	Krankheit
attineo 2, attinui, -tentum (+ *Akk.*)	sich beziehen (*auf*)
adoro 1	anbeten; verehren

Exotische Tiere

*Exotische Tiere (z.B. Löwen, Tiger, Leoparden, Elefanten, Giraffen, Nashörner, Bären ...) wurden **seit dem 2. Jhdt. v. Chr.** vorwiegend deswegen nach Rom gebracht, um bei den so genannten **venationes** (= Tierhetzen) gezeigt und dann hingemetzelt zu werden. Man ließ dabei entweder Menschen gegen Tiere kämpfen oder die Tiere zerfleischten sich gegenseitig. Aus diesen Transporten von Tieren für Spiele im ganzen Imperium Romanum entwickelte sich ein riesiger Geschäftszweig. Bei der **Eröffnung des Amphitheatrum Flavium** (= Kolosseum) in Rom im Jahre 80 n. Chr. sollen mehrere tausend Tiere getötet worden sein. Im Jahre 55 v. Chr. hatte aber das Publikum einmal Mitleid mit den zur Tötung bestimmten Elefanten. Sie wurden auf Wunsch der Menge zumindest bei dieser einen Vorstellung verschont. (Plinius maior, nat.hist. 8,7,21)*

ACTIVA ET CONTEMPLATIVA

- Welche besonderen Anekdoten beziehungsweise Legenden über Elefanten kennst du?

Diese Münze, die Caesar im Jahr 49 v. Chr. prägen und ausgeben ließ, stellt einen Elefanten dar, der eine Schlange zertritt. Das Motiv konnte sowohl als Triumph über Vergangenes – der erfolgreiche Gallische Krieg – als auch als Warnung an seine Gegner in den kommenden Auseinandersetzungen (Pompeius und die Fraktion der Optimaten im Senat) interpretiert werden.

Das System der modernen Biologie

Warum braucht man überhaupt eine genaue Klassifizierung in der Bestimmung von Tieren und Pflanzen? Carl von Linné gibt ein Beispiel aus dem Reich der Botanik:

Nil pulchrius, nil magis utile et necessarium in botanicis[1] desideratum et inventum est, quam systematica plantarum[2] methodus, quae ignarum e vasto vegetabilium[3] regno recta[4] via ducit ad desideratam plantam eiusque nomen. Quid[5] umquam botanica vel quis botanicus sine methodo? (...)
Offeratur[6] planta peregrina et incognita duobus botanicis, quorum alter empiricus[7] systematum[8] ignarus, alter vero systematicus[9]. Empiricus ille a facie divinare temptat familiam[10]; omnem memoriam revocat; utrum eius modi plantam antea viderit, herbaria sua pervolvit[11]; omnes libros – praesertim icones – nocte dieque revolvit nescius, ubinam[12] inter tot milia plantarum vel in quo auctore hanc reperturus sit.
Systematicus vero sumit methodum quamcumque sibi notam, evolvit[13] clavem[14] methodi, collato eodem cum partibus[15] fructificationis **classem** enuntiat, quo facto – ponamus[16] 10000 specierum plantas dari[17] – 9000 plantas seponit, inter quas frustra plantam oblatam quaereret; adeoque[18] restant 1000, inter quas haec unica erit; evolvit[19] deinde classem et inquirit, ad quem **ordinem** pertineat; eo dato 900 iterum seponit, ut modo 100 restant; in ordine **genus** inquirit; quo reperto una ex decem erit; **species** deinde secundum differentias distinguit facile, adeoque[18] intra momentum temporis plantam maxime peregrinam detegit systematicus et nomine suo indicat, quam empiricus non per annos nisi casu expiscatur.

1 **botanica**, -orum *n.Pl.*: Botanik
2 **planta**, -ae *f.*: Pflanze
3 **vegetabilia**, vegetabilium *n.Pl.*: Pflanzen
4 **recta via** (*Abl.*): geradewegs
5 **quid ‹efficere potest›**
6 **offeratur** (*Konjunktiv Präsens*): angenommen, man übergebe
7 **empiricus**, -a, -um: nur auf seine Erfahrung vertrauend
8 **systema**, systematis *n.*: System (**systematum** *ist Genetiv Plural!*)
9 **systematicus**, -a, -um: auf das System vertrauend
10 **familia**, -ae *f.*: *hier:* Gattungsfamilie
11 **pervolvo 3**, pervolvi, -volutum: *hier:* durchsuchen
12 **ubinam = ubi**
13 **evolvo 3**, evolvi, -volutum: *hier:* aufschlagen
14 **clavis**, clavis (*hier:* ***m.***): Schlüssel (im Sinne von „erklärendem Handbuch")
15 **pars fructificationis**: Teil der pflanzlichen Fortpflanzung = Blüte (*Linné machte diesen Teil der Pflanzen zur Grundlage der Klassifizierung*)
16 **pono 3**, posui, positum: *hier:* annehmen
17 **do 1**, dedi, datum: *hier:* angeben
18 **adeo**: so weit; also
19 **evolvo 3**, evolvi, -volutum: *hier:* herausfinden

Carl von Linné

Mit der systematischen Bestimmung von **Classis – Ordo – Genus – Species** *hat der schwedische Wissenschaftler* ***Carl von Linné (1707 – 1778)*** *alle Bereiche der Biologie geordnet; die größte Unterteilung ist aber die in die drei* **Regna** *(Reiche):*

Observationes in[1] regna tria naturae: Corpora naturalia in tria naturae regna dividuntur: **Lapideum** nempe[2], **vegetabile** et **animale**. Lapides crescunt, vegetabilia crescunt et vivunt, animalia crescunt, vivunt et sentiunt. Hinc limites inter regna constituti sunt.

[1] **in** (+ *Akk.*): *hier*: zu (über)

[2] **nempe**: natürlich

ACTIVA ET CONTEMPLATIVA

Als Beispiel zum System Linnés ist hier die Klasse der *Quadrupedia* (= Vierfüßigen) auszugsweise dargestellt.

- Übersetze die Wörter in der Tabelle!
- Recherchiere, wie weit diese aus dem 18. Jhdt. stammende Einteilung heute noch Gültigkeit hat! Welche Kriterien der Klassifizierung gibt es heute noch zusätzlich?

REGNUM	CLASSIS	ORDO	GENUS	SPECIES
Animalia	**Quadrupedia**	Anthropomorpha	Homo Simia	Europaeus, Africanus … Papio, Satyrus …
		Ferae	Ursus Leo Tigris Felis	Ursus Leo Tigris, Panthera Felis, Catus …
		Glires	Mus Lepus	Rattus, Mus domesticus … Lepus, Cuniculus
		Iumenta	Equus Hippopotamus Elephas Sus	Equus, Asinus ... Elephas, Rhinoceros …
		Pecora	Camelus Cervus Ovis Bos	

Das römische Recht

Das System des römischen Rechts

Römisches Recht – *ius Quiritium*[1], *ius civile*[2] – galt nur für römische Bürger. Zuständig dafür war seit 367 v. Chr. der *praetor urbanus* (im Gegensatz dazu: *ius gentium* = Fremdenrecht für Nichtrömer = *peregrini*; Zuständigkeit seit dem 3. Jhdt. v. Chr.: *praetor peregrinus*). Das *ius civile* umfasste sehr viele Bereiche, Eigentums- und Erbrecht genauso wie Sachbeschädigung, Diebstahl, Beleidigung und Körperverletzung; es entspricht zwar im Allgemeinen unserem Zivilrecht, geht aber darüber hinaus. Die Vergehen bezeichnete man als *delicta* (*privata*), während die gegen die staatliche Gemeinschaft gerichteten Straftaten (Tötung eines Freien, Amtserschleichung, Bestechlichkeit von Amtsträgern, Unterschlagung öffentlicher Gelder, Umsturzversuche u.ä.) *crimina* (*publica*) genannt und in Strafprozessen abgeurteilt wurden. Die Trennung von Zivil- und Strafprozess wurde immer beibehalten.

Die Recht setzenden Instanzen

Die erste Rechtskodifizierung erfolgte Mitte des 5. Jhdts. v. Chr. mit den *leges XII tabularum* (siehe Seite 60). Sie blieben die einzige vom Gesamtvolk beschlossene Rechtskodifikation und wurden von Fall zu Fall auf Antrag eines Magistrats vom Gesamtvolk (*populus*) als *leges* oder von der Plebs als *plebiscita* ergänzt. Daneben traten Senatsbeschlüsse (*senatus consulta*) und Erlässe (*edicta*) der Prätoren und der Ädile[3]. Im Prinzipat wurden kaiserliche Willensäußerungen (*decretum*, *edictum*, *epistula* oder *rescriptum*) rechtsverbindlich.

Da die Formulierung der gesetzlichen Bestimmungen knapp, lückenhaft und auf Anlassfälle zugeschnitten war, brauchte man zur Anwendung und Auslegung im täglichen Leben rechtskundige Fachleute (*iuris consulti/iuris prudentes*). Ihre Gutachten (*responsa*) waren Orientierungshilfen für Richter und Geschworene. Angesehene Juristen erhielten das Recht, mit kaiserlicher Autorität Rechtsbescheide zu erteilen (*ius ex auctoritate [principis] respondendi*). Ihre *sententiae* erhielten Rechtskraft.

Juristische Literatur

Mit der Zeit entstanden thematisch gegliederte Sammelwerke (*digesta*, von digero = ordnen), Lehrbücher (*institutiones*), Handbücher (griech. *enchiridia*), Untersuchungen zu strittigen Fragen (*quaestiones*), Regelsammlungen (*regulae*), Monographien zu Einzelthemen (*libri singulares*).

Die Blütezeit der lateinischen Rechtsliteratur fällt in das 2. und 3. nachchristliche Jahrhundert mit den Juristen *Julianus*, *Gaius*, *Ulpianus* und *Paulus*.

Um 530 n. Chr. erstellte eine Juristenkommission unter Leitung des Rechtsgelehrten *Tribonianus* im Auftrag des oströmischen Kaisers *Justinian* eine Sammlung repräsentativer Auszüge aus der unübersichtlich gewordenen Literatur, die *Digesten* (griech. *Pandekten*: „alles enthaltend"). Sie bilden den größten Teil der später als *corpus iuris* (*civilis*) bekannt gewordenen Rechtskodifikation des Justinian.

1 **Quirites**, Quiritium *m.Pl.*: Quiriten (*ehrende Anrede für Römer*)
2 **civilis**, civile: Bürger-...
3 **Ädil**: römischer Beamter, u.a. zuständig für die Marktaufsicht und die öffentlichen Spiele

Der römische Zivilprozess

Der Geschädigte selbst musste beim Prätor („in iure[1]") Klage erheben, wo auch der erste Teil des Verfahrens abgewickelt wurde (Klärung der Zulässigkeit der Klage, der Zuordnung zu Klagemöglichkeiten), je nach dem bürgerlichen Stand der Streitparteien – Römer, Nichtrömer – beim *praetor urbanus* bzw. *peregrinus*. Im zweiten Teil („apud iudicem[2]") wurde das Urteil gesprochen. Der Richter war nicht Fachjurist, sondern Laie (Geschworener). Dies konnte jeder männliche mündige und unbescholtene römische Bürger sein. Die Gerichtsverhandlung verlief mündlich und öffentlich, ursprünglich wurde sie auf dem Forum abgehalten (daher der Begriff „forensisch" für „gerichtlich").

Unter dem Einfluss des Christentums gab es keine Verjährung von Delikten (vgl. Dig. XLVII,2,41,2; ***WB****):*

Quamdiu vivit is, qui furtum fecit, non perit[3] furti actio[4]. Aut enim sui[5] iuris est, qui[6] furtum fecit, et cum ipso actio est; aut alieni[7] iuris esse coepit, et actio furti cum eo est, cuius potestati subiectus[8] est: Et hoc est, quod dicitur „noxa[9] caput sequitur".

1 **ius**, iuris *n.*: *auch:* Gerichtsstätte
2 **iudex**, iudicis *m.*: *hier:* Geschworener
3 **pereo**, -is, -ire, perii, -itum: schwinden
4 **actio**, actionis *f.*: Klageanspruch
5 **sui iuris**: nicht rechtsabhängig; mündig
6 **qui = is, qui**
7 **alieni iuris**: rechtsabhängig; unmündig
8 **subicio 3**, subieci, -iectum: unterwerfen
9 **noxa**, -ae *f.*: Schadenshaftung

Rafaello Santi, Justinian nimmt von Tribonianus die Pandekten entgegen (Fresko, 1511. Stanza della Segnatura, Vatikan)

Häufige Vokabel aus dem Bereich des Rechts

actio, actionis *f.*	Klage
consensus, consensus *m.*	Einverständnis
contraho 3, contraxi, -tractum	(Vertrag) abschließen
crimen, criminis *n.*	Verbrechen
culpa, -ae *f.*	Schuld
dolus, -i *m.*	List; Vorsatz
edictum, -i *n.*	Verfügung
fraus, fraudis *f.*	Betrug
furtum, -i *n.*	Diebstahl
ius, iuris *n.*	Gericht; Recht
lex, legis *f.*	Gesetz
obligo 1	verpflichten; *pass.*: sich schuldig machen (*Gen.*)
teneo 2, tenui, tentum (*Pass.* + *Gen.*)	haften (*für*)
-ve (*vgl.* **-que**)	oder
vel	oder

Römisches Recht: Die Zwölftafelgesetze

Jahrhundertelang bestimmte ungeschriebenes Recht (**consuetudo**, **mos**) *das öffentliche und private Leben in Rom und behielt auch später neben dem Satzungsrecht seine Wirksamkeit. Infolge sozialer Spannungen („Ständekämpfe") kam es Mitte des 5. Jhdts v. Chr. zur Aufzeichnung des Gewohnheitsrechts. Diese auf zwölf Tafeln aus Bronze zusammengefassten Gesetze* (**leges XII tabularum**) *wurden auf dem Forum aufgestellt und waren für alle Bürger verbindlich.*

TABULA I

1. Si in ius vocat, ito. Ni it, antestamino. Igitur em capito.	1. Wenn der Kläger vor Gericht lädt, soll der Beklagte kommen. Wenn er nicht kommt, soll ein Zeuge zugezogen werden. Dann soll der Kläger ihn abholen.
2. Si calvitur pedemve struit, manum endo iacito.	2. Wenn er (= der Beklagte) Ausflüchte macht oder fliehen will, soll der Kläger ihn verhaften.

TABULA IV

2. Si pater filium ter venum duit, filius a patre liber esto.	Wenn der Vater den Sohn dreimal gegen Geld als Knecht verdingt hat, so soll der Sohn von der Gewalt des Vaters frei werden.

TABULA VIII

2. Si membrum rupit, ni cum eo pacit, talio esto.

2. Wenn er (einem anderen) ein Glied verstümmelt hat, soll das Recht der Vergeltung mit Gleichem gelten, falls er sich nicht mit dem Geschädigten gütlich einigt.

12. Si nox furtum faxsit, si im occisit, iure caesus esto.

12. Wenn jemand nachts einen Diebstahl begangen und (der in seinen Rechten Angegriffene) ihn dabei getötet hat, so soll er mit Recht erschlagen worden sein.

21. Patronus si clienti fraudem fecerit, sacer esto.

21. Wenn der Patron den Klienten betrügt, so soll er (religionsrechtlich) mit schwerer Schuld und Sühne belastet sein.

ACTIVA ET CONTEMPLATIVA

Das Talionsprinzip[1]

*Dieses Prinzip begrenzt die im **System der Blutrache** tendenziell maßlose Reaktion auf eine Verletzung/ein Vergehen am Geschädigten/an seiner Familie auf eine der erfolgten Verletzung entsprechende Reaktion und stellt damit einen **ersten Fortschritt im antiken Strafrecht** dar.*

*Talion kommt auch bei den großen mythischen Büßern zum Tragen: **Tantalus**, der Speis und Trank der Götter frevlerisch weitergab, büßte letztlich durch den Entzug von Speise und Trank. **Prometheus**, der die Allmacht der Götter durch die Weitergabe des Feuers an die Menschen untergrub, erduldete furchtbare Schmerzen, weil ein Adler an seiner Leber (nach antikem Verständnis Sitz der Gefühle – also auch der Überheblichkeit, die ihm angelastet wurde) fraß.*

1 **talio**, talionis *f.* (*vgl.* **talis**, tale): gleiche Vergeltung

- Vergleiche damit folgende Abschnitte aus dem *Codex*[1] *Hammurapi* (Hammurapi: babylonischer König, 18. Jhdt. v. Chr.):

22 Wenn jemand einen Diebstahl begeht und gefasst wird, soll er getötet werden.

200 Wenn ein Mann die Zähne eines ihm gleich Gestellten ausschlägt, sollen ihm seine Zähne ausgeschlagen werden.

1 **codex**, codicis *m.*: *eigtl.*: Buch; Rechtssammlung/-satzung

Römisches Zivilrecht: Aus dem Personenrecht

• Mündigkeit und Minderjährigkeit (*Ulpianus, Ad edictum 11*)

Hoc edictum <de minoribus XXV annis> praetor naturalem aequitatem secutus proposuit, quo tutelam[1] minorum suscepit. Nam cum inter omnes constet fragile[2] esse et infirmum huius modi aetatium[3] consilium[4] et multis captionibus[5] suppositum[6], multorum insidiis[7] expositum[8], auxilium eis[9] praetor hoc edicto pollicitus est adversus captiones[5] opitulationem[10]. Praetor edixit[11]: „Quod cum minore quam viginti quinque annis natu[12] gestum[13] esse dicetur[14], uti quaeque res erit, animadvertam[15].“ Apparet minoribus annis viginti quinque eum opem polliceri. Nam post hoc tempus compleri virilem vigorem[16] constat. Et ideo hodie in[17] hanc usque aetatem adulescentes curatorum[18] auxilio reguntur, nec ante rei suae administratio[19] eis committi debebit quamvis[20] bene rem suam gerentibus.

• Eheschließung (*Iulianus, Digesta XXIII 1,11*)

Sponsalia[21] sicut nuptiae[22] consensu contrahentium fiunt, et ideo sicut nuptiis, ita sponsalibus filiam familias[23] consentire oportet.

1 **tutela**, -ae *f.*: Schutz
2 **fragilis**, fragile: zerbrechlich; unbeständig
3 **aetatium = aetatum**
4 **consilium**, -i *n.*: *hier*: Urteilskraft
5 **captio**, captionis *f.*: Täuschung
6 **suppono 3**, supposui, -positum: unterwerfen
7 **insidiae**, -arum *f.Pl.*: Nachstellungen
8 **expono 3**, exposui, -positum: aussetzen
9 **eis = iis**
10 **opitulatio**, opitulationis *f.*: Rechtsschutz
11 **edico 3**, edixi, -dictum: verordnen
12 **natu** (*Abl.*): alt (*in Verbindung mit Zahlenangabe*)
13 **gero 3**, gessi, gestum: ein Rechtsgeschäft abschließen
14 *ergänze*: von einem Kläger
15 **animadverto 3**, animadverti, -versum: *hier*: entscheiden
16 **vigor**, vigoris *m.*: Kraft; Reife
17 **in hanc usque = usque ad hanc**
18 **curator**, curatoris *m.*: Pfleger (*jurist. Fachausdruck*)
19 **administratio**, administrationis *f.*: Verwaltung; Führung
20 *Verbinde*: **eis quamvis bene … gerentibus**
21 **sponsalia**, sponsalium *n.Pl.*: Verlobung
22 **nuptiae**, -arum *f.Pl.*: Heirat
23 **familias** (*alter Gen.*) = **familiae**; **filia familias**: eine der väterlichen Gewalt unterworfene Tochter

VOCABULARIUM

praetor, praetoris *m.*	Prätor (*röm. Beamter*)
naturalis, naturale	natürlich
propono 3, proposui, -positum	vorlegen
suscipio 3, suscepi, -ceptum	übernehmen
consto 1, constiti, –	fest stehen
infirmus, -a, -um	schwach
aetas, aetatis *f.*	Altersstufe
adversus (+ *Akk.*)	gegen
uti (= **ut**)	wie
appareo 2, apparui, –	sich zeigen
ops, opis *f.*	Hilfe
virilis, virile	des Mannes
ideo (*Adv.*)	daher
hodie (*Adv.*)	heute
usque (**ad** + *Akk.*)	bis (*zu*)
rego 3, rexi, rectum	lenken
committo 3, commisi, -missum	anvertrauen; begehen
quamvis	wenn auch
gero 3, gessi, gestum	durchführen; führen
consentio 4, consensi, -sensum	zustimmen

ACTIVA ET CONTEMPLATIVA

Selbstständigkeit
Bis zur vollen Selbstständigkeit („Geschäftsfähigkeit") unterschied man in der Antike drei Altersstufen:

infantes: *bis 7 Jahre*
impuberes („unmündige"): *bis 14 (Mädchen: bis 12) Jahre*
puberes (voll geschäfts- und deliktsfähige): *Nach Ansicht mancher Rechtsschulen lag die Altersgrenze zunächst individuell verschieden, es setzte sich allerdings die generelle Regelung (12 bzw. 14 Jahre) durch.*

*Die „**Geschlechtsvormundschaft**" für junge Mädchen und allein stehende Frauen dauerte wegen deren vermuteter Schutzbedürftigkeit allerdings das ganze Leben, erst am Ende der klassischen Zeit wurde sie bedeutungslos.*

- **Recherche**: Was ergibt ein Vergleich mit aktuellen gesetzlichen Bestimmungen zu Mündigkeit/Geschäftsfähigkeit und Eheschließung im Allgemeinen bürgerlichen Gesetzbuch (ABGB[1])?
  Vgl. dazu das Rechtsinformationssystem des Bundeskanzleramtes unter www.ris.bka.gv.at/auswahl und den Link zum ABGB unter www.internet4jurists.at/gesetze/gesetze.htm!

[1] Das ABGB entstand 1811 (novelliert 1914–16 und in den 70er-Jahren des 20. Jhdts.) und enthält die wichtigsten Bestimmungen des österreichischen Privatrechts mit Ausnahme von Wohn- und Arbeitsrecht und Teilen des Eherechts.

Römisches Zivilrecht: Diebstahl

Um 160 n. Chr. verfasste der Rechtsgelehrte **Gaius** *seine* **„Institutiones"**, *das einzige (fast) vollständig erhaltene Lehrbuch des römischen Rechts.*

Furtum autem fit non solum, cum quis intercipiendi[1] causa rem alienam amovet, sed generaliter, cum quis rem alienam invito domino contrectat[2]. Itaque si quis re, quae apud eum deposita[3] sit, utatur, furtum committit. Et si quis utendam rem acceperit eamque in alium usum transtulerit, furti obligatur, veluti si quis argentum utendum acceperit quasi amicos ad cenam invitaturus et id peregre[4] secum tulerit, aut si quis equum gestandi[5] gratia[6] commodatum[7] aliquo[8] duxerit. (...) Placuit tamen eos, qui rebus commodatis[7] aliter uterentur quam utendas accepissent, ita furtum committere, si intellegant id se invito domino facere eumque, si intellexisset, non permissurum[9]; at si permissurum[10] credant, extra furti crimen videri: optima sane distinctione[11], quod furtum sine dolo malo non committitur. Interdum furti tenetur, qui ipse furtum non fecerit, qualis est, cuius ope[12] consilio furtum factum est. In quo numero est, qui nummos[13] tibi excussit[14], ut eos alius subriperet[15], vel obstitit[16] tibi, ut alius subriperet.

1 **intercipio 3**, intercepi, -ceptum: wegnehmen
2 **contrecto 1**: sich vergreifen (*an etwas*)
3 **depono 3**, deposui, -situm (**apud** + *Akk.*): (*bei jem.*) hinterlegen
4 **peregre** (*Adv.*): nach draußen
5 **gestor 1**: reiten
6 **gratia** (*nachgestellt*, + *Gen.*): um zu (+ *Inf.*)
7 **commodo 1**: leihen
8 **aliquo** (*Adv.*): irgendwohin
9 *Ergänze*: **esse**
10 **<eum = dominum> permissurum <esse>**
11 **distinctio**, distinctionis *f.*: Unterscheidung
12 **ope consilio**: mit Beihilfe („durch die Tat oder durch Planung")
13 **nummus**, -i *m.*: Münze
14 **excutio 3**, excussi, -cussum: (aus der Hand) stoßen
15 **subripio 3**, subripui, -reptum: wegraffen
16 **obsisto 3**, obstiti, –: in den Weg treten

Das Gleichnis von den anvertrauten Talenten (Julius Schnorr von Carolsfeld, Kupferstich, 1860)

VOCABULARIUM

amoveo 2, amovi, -motum	entfernen	**cena**, -ae *f.*	Abendessen
generalis, generale	allgemein	**invito 1**	einladen
invitus, -a, -um	ohne Zustimmung	**placet**	es findet Zustimmung
usus, usus *m.*	Verwendung; Nutzen	**permitto 3**, permisi, -missum	erlauben
transfero, -fers, -ferre, transtuli, -latum	übertragen	**extra** (+ *Akk.*)	außerhalb
argentum, -i *n.*	Silber; Geld	**sane** (*Adv.*)	allerdings
		malus, -a, -um	böse; schlecht
		interdum (*Adv.*)	manchmal
		qualis, quale	wie

Zum Vergleich: Anvertrautes Geld (NT, Mt 25,14ff.)

Sicut enim homo peregre proficiscens vocavit servos suos et tradidit illis bona sua. Et uni dedit quinque talenta, alii autem duo, alii vero unum, unicuique secundum[1] propriam virtutem, et profectus est. Statim abiit, qui quinque talenta acceperat, et operatus est in eis[2] et lucratus est alia quinque; similiter qui duo acceperat, lucratus est alia duo. Qui autem unum acceperat, abiens fodit in terra et abscondit pecuniam domini sui. Post multum vero temporis venit dominus servorum illorum et ponit rationem[3] cum eis. Et accedens, qui quinque talenta acceperat, obtulit alia quinque talenta dicens: „Domine, quinque talenta tradidisti mihi; ecce alia quinque superlucratus[4] sum.“ Ait illi dominus eius: „Euge, serve bone et fidelis! Super pauca fuisti fidelis; supra multa te constituam: Intra in gaudium domini tui.“ Accessit autem et[5], qui duo talenta acceperat, et ait: „Domine, duo talenta tradidisti mihi; ecce alia duo lucratus sum.“ Ait illi dominus eius: „Euge, serve bone et fidelis! Super pauca fuisti fidelis; supra multa te constituam: Intra in gaudium domini tui.“ Accedens autem et, qui unum talentum acceperat, ait: „Domine, novi te, quia[6] homo durus es: metis, ubi non seminasti[7], et congregas, ubi non sparsisti; et timens abii et abscondi talentum tuum in terra. Ecce habes, quod tuum est.“ Respondens autem dominus eius dixit ei: „Serve male et piger! Sciebas, quia meto, ubi non seminavi, et congrego, ubi non sparsi? Oportuit ergo te mittere pecuniam meam nummulariis, et veniens ego recepissem, quod meum est cum usura. Tollite itaque ab eo talentum et date ei, qui habet decem talenta: Omni enim habenti dabitur, et abundabit; ei autem, qui non habet, et[5], quod habet, auferetur ab eo. Et inutilem servum eicite in tenebras exteriores: Illic erit fletus et stridor[8] dentium.“

1 **secundum** (+ *Akk.*): nach
2 **eis = iis**
3 **rationem ponere**: abrechnen
4 **superlucror 1**: dazu gewinnen
5 **et = etiam**
6 **quia**: dass
7 **seminasti = seminavisti**
8 **stridor** (*Gen*: stridoris *m.*) **dentium**: Zähneknirschen

Römisches Zivilrecht: Schadenersatz

Si putator[1], ex arbore ramum[2] cum deiceret, vel machinarius[3] hominem praetereuntem occidit, ita tenetur, si is in publicum[4] decidat nec ille proclamavit[5], ut casus eius evitari[6] possit. Sed Mucius[7] dixit, etiam si in privato idem accidisset, posse de culpa[8] agi. Culpam autem esse, quod, cum a diligente[9] provideri potuisset, non esset provisum aut tum denuntiatum[10] esset, cum periculum evitari non posset. Secundum[11] quam rationem non multum refert[12], per publicum an per privatum iter fieret, cum plerumque per privata loca vulgo[13] iter fiat.

(*Paulus, Ad Sabinum 10*)

Cum liberi hominis corpus ex eo, quod deiectum effusumve[14] quid[15] erit, laesum fuerit, iudex computat[16] mercedes[17] medicis praestitas ceteraque impendia[18], quae in curatione facta sunt, praeterea operarum[19], quibus caruit aut cariturus est ob id, quod inutilis factus est. Cicatricium[20] autem aut deformitatis[21] nulla fit aestimatio[22], quia liberum corpus nullam recipit[23] aestimationem.

(*Ulpianus, Ad edictum 77*)

1 **putator**, putatoris *m.*: Gärtner
2 **ramus**, -i *m.*: Zweig
3 **machinarius**, -i *m.*: Arbeiter auf einem Gerüst
4 *Ergänze*: **iter**
5 **proclamo 1**: laut rufen
6 **evito 1**: vermeiden
7 **Mucius**, -i *m.*: Q. Mucius Scaevola (*Rechtsgelehrter, 170 – 87 v. Chr.*)
8 **de culpa agere**: wegen grober Fahrlässigkeit klagen
9 **diligens** (*Gen.*: diligentis): sorgfältig
10 **denuntio 1**: herunter rufen
11 **secundum quam rationem**: aus diesem Grund
12 **refert**: es ist von Bedeutung; *ergänze*: **utrum** (ob)
13 **vulgo** (*Adv.*): allgemein
14 **effundo 3**, effudi, -fusum: ausgießen; verstreuen
15 **quid**: etwas
16 **computo 1**: berücksichtigen
17 **merces**, mercedis *f.*: Lohn
18 **impendium**, -i *n.*: Aufwand
19 *Ergänze*: mercedes
20 **cicatrix**, cicatricis *f.*: Narbe
21 **deformitas**, deformitatis *f.*: Entstellung
22 **aestimatio**, aestimationis *f.*: Schätzung
23 **recipio 3**, recepi, -ceptum: *hier*: zulassen

VOCABULARIUM

arbor, arboris *f.*	Baum
deicio 3, deieci, -iectum	herunterwerfen
praetereo, -is, -ire, praeterii, -itum	vorübergehen
decido 3, décidi, –	herunterfallen
casus, casus *m.*	das Fallen; Zufall
an	oder; ob
provideo 2, providi, -visum	vorhersehen
laedo 3, laesi, laesum	verletzen
medicus, -i *m.*	Arzt
praesto 1, praestiti, -stitum	leisten
curatio, curationis *f.*	Heilung
opera, -ae *f.*	Arbeit
careo 2, -ui, – (+ *Abl.*)	entbehren
inutilis, inutile	unbrauchbar

Die Sprache der lateinischen Rechtstexte

Die Sprache der großen Rechtssammlungen aus der Spätzeit des römischen Reiches zeigt bei vielen Wörtern einen Bedeutungswandel. Stelle dem Juristenlatein die allgemeine Bedeutung gegenüber:

	Juristenlatein	allgemeine Bedeutung
laedi	Schaden erleiden	
mutuum	Darlehen	
locatio	Mietvertrag	
probari	schuldig befunden werden	
repellere	abweisen	
supprimere	unterschlagen	
vitiosus	unrechtmäßig	
petitor	Kläger	
actio	Klage	
teneri	haften	

Ein Fallbeispiel: Gefährlicher Friseurbesuch

*Der Jurist **Ulpian** erörtert unter Berufung auf andere Autoritäten einen durchaus vorstellbaren Rechtsfall.*

... Mela[1] scribit, si[2], cum pila[3] quidam luderent[4], vehementius quis pila percussa in tonsoris[5] manus eam deiecerit et sic servi, quem tonsor habebat[6], gula[7] sit praecisa[8] adiecto[9] cultello[10]: in quocumque eorum culpa sit, eum lege Aquilia[11] teneri. Proculus[1] in tonsore esse culpam[12]: et sane si ibi tondebat[13], ubi ex consuetudine ludebatur vel ubi transitus[14] frequens erat, est[15], quod ei imputetur[16]: quamvis nec illud male dicatur, si[2] in loco periculoso[17] sellam[18] habenti tonsori se quis commiserit, ipsum[19] de se queri debere. (...)

Sed si plures[20] servum percusserint, utrum omnes, quasi[21] occiderint, teneantur, videamus! Et si quidem apparet, cuius ictu[22] perierit[23], ille, quasi[21] occiderit, tenetur: quod si non apparet, omnes, quasi[21] occiderint, teneri Iulianus[1] ait, et si cum uno agatur[24], ceteri non liberantur: nam ex lege Aquilia quod alius praestitit, alium non relevat[25], cum sit poena. Celsus[1] scribit, si alius mortifero[26] vulnere[27] percusserit[28], alius postea exanimaverit[29], priorem[30] quidem non teneri, quasi[21] occiderit, sed quasi [21]vulneraverit, quia ex alio vulnere periit, posteriorem[31] teneri, quia occidit.

1 **Mela**, -ae *m.* / **Proculus**, -i *m.* / **Iulianus**, -i *m.* / **Celsus**, -i *m.*: *Namen maßgeblicher Juristen*
2 **si ... quis**
3 **pila**, -ae *f.*: Ball; *hier*: *Abl.*
4 **ludo 3**, lusi, lusum: spielen
5 **tonsor**, tonsoris *m.*: Friseur
6 **habeo 2**: *hier*: „in Arbeit haben“
7 **gula**, -ae *f.*: Kehle
8 **praecido 3**, praecidi, -cisum: durchschneiden
9 **adicio 3**, adieci, -iectum: *hier*: ansetzen
10 **cultellus**, -i *m.*: Rasiermesser
11 **lex Aquilia de damno** (*3. Jhdt v. Chr.*): *regelt Schadenersatz*
12 *erg.*: **scribit**
13 **tondeo 2**, totondi, tonsum: rasieren
14 **transitus**, transitus *m.*: „Durchgangsverkehr“
15 **est, quod** (+ *Konj.*): es gibt einen Grund, dass ...
16 **imputo 1**: anlasten
17 **periculosus**, -a, -um: gefährlich
18 **sella**, -ae *f.*: Sessel
19 **ipsum de se queri**: sich selbst zuschreiben
20 **plures**, plura: mehr(ere)
21 **quasi**: weil
22 **ictus**, ictus *m.*: Schlag; Wurf
23 **pereo**, -is, -ire, -ii, -itum: sterben
24 **agitur cum aliquo**: gegen jem. wird Klage erhoben
25 **relevo 1**: befreien
26 **mortiferus**, -a, -um: tödlich
27 **vulnus**, vulneris *n.*: Wunde
28 *ergänze*: **eum**
29 **exanimo 1**: töten
30 **prior** (*Gen.*: prioris): der Vorherige
31 **posterior** (*Gen.*: posterioris): der Spätere

VOCABULARIUM

vehemens (*Gen.*: vehementis)	heftig	**committo 3**, commisi, -missum	anvertrauen; begehen
percutio 3, percussi, -cussum	schlagen; treffen	**utrum** (*Einleitung eines indir. Fragesatzes*)	ob
deicio 3, deieci, -iectum	werfen	**appareo 2**, apparui, –	sich zeigen
sane (*Adv.*)	allerdings	**ait**	er/sie sagt
consuetudo, consuetudinis *f.*	Gewohnheit	**praesto 1**, praestiti, -stitum	leisten; zur Verfügung stellen
frequens (*Gen.*: frequentis)	häufig		
quamvis	wenn auch		
malus, -a, -um	böse; schlecht		

ACTIVA ET CONTEMPLATIVA

Die **Lex Aquilia**, *entstanden in den Achtzigerjahren des 3. vorchristlichen Jahrhunderts, regelte Schadenersatzansprüche. Im vorliegenden Rechtsfall, der von mehreren antiken Juristen verschieden interpretiert wurde, geht es darum, an wen der Eigentümer des getöteten Sklaven seine Ersatzforderungen richten kann.*

- „**tondebat**[1], **ubi ex consuetudine ludebatur**[2]": Recherchiere zum Angebot an „fliegenden" Dienstleistungen in der Antike, etwa in Thermen, bei Sportstätten, auf öffentlichen Plätzen!
- Diskutiert die unterschiedlichen Denkansätze der zitierten Juristen!
- Erstellt eine Liste von Versäumnissen der beteiligten Personen, von Verursachern/Tätern bis zum Opfer/seinem Eigentümer!
- Wie hätte sich der Unfall bzw. seine Folge vermeiden lassen?
- Hat jemand (im modernen Sinn) fahrlässig gehandelt?
- Wie versucht man heute, Schadenersatzansprüchen Geschädigter zuvorzukommen?
- Erstellt einen Unfallbericht für die Haftpflichtversicherung des Friseurs / für den Anwalt der Ballspieler / für eine Lokalzeitung!
- Diskutiert in einer „Expertenrunde" die verschiedenen Auslegungen des Rechtsfalls!

1 **tondeo 2**, totondi, tonsum: rasieren
2 **ludo 3**, lusi, lusum: spielen

Aus den *Leges Visigothorum*[1]

Heiratsversprechen

Si quis puellam cum voluntate patris sponsatam[2] habuerit et ipsa puella contemnens voluntatem patris, ad alium tendens, patri contradicat, ut illi non detur, cui a patre fuerit pacta, hoc ita eam nullo modo facere permittimus. Quod si puella contra voluntatem paternam ad alium, quem ipsa cupierat, forte pervenerit et ipse eam uxorem habere presumserit[3], ambo in potestatem eius tradantur, qui eam cum voluntate patris sponsatam habuerat.

Et si fratres vel mater eius aut alii parentes[4] male[5] voluntati eius consenserint, ut eam illi traderent, quem ipsa sibi contra paternam voluntatem cupierat, et hoc ad effectum[6] perduxerint, illi, qui hoc macinaverunt[7], libram[8] auri dent, cui[9] rex iusserit, sic tamen, ut voluntas eorum non habeat firmitatem, sed ipsi, sicut superius diximus, ambo tradantur cum omni substantia[10] sua illi, cui antea fuerat desponsata.

Eandem legem precipimus[11] custodiri, si pater de filie[11] nuptiis definierit et de pretio convenerit[12] ac si ab hac vita transierit[13], antequam eam pater suus nuptui tradat: ut[14] illi puella tradatur, cui a patre vel a matre pacta constiterit[15]. (III, 1, 2)

Die **Leges Visigothorum** („Gesetze der Westgoten") *sind ein Sammelbegriff für Rechtsaufzeichnungen der Spätantike und des Frühmittelalters, die neben germanischem Stammesrecht auch römische und christliche Rechtsvorstellungen berücksichtigen. Der* **Liber iudiciorum**, *eine Sammlung von 500 Gesetzen, entstand 654 unter König Rekkeswinth, ergänzt 681 unter Ervig.*

1 *Text: Karl Zeumer, Leges Visigothorum. Hannover 1902 (MGH, Leges nat. Germ.)*
2 **sponsatus**, -a, -um: verlobt
3 **presumserit = praesumpserit**
4 **parentes**, parentum *m.Pl.*: *hier*: Verwandte
5 **male** (*mittellat.*) = **malae**
6 **ad effectum perducere**: zur Ausführung bringen
7 **macino 1** (= **machinor 1**): bewerkstelligen
8 **libra**, -ae *f.*: 1 röm. Pfund (*0,327 kg*)
9 **cui = ei, cui**
10 **substantia**, -ae *f.*: Besitz
11 *Mittellateinische Schreibweise*: **pre = prae**
12 **convenit**: man einigt sich
13 *Subjekt*: **pater**
14 *ut*-Satz abhängig von **custodiri**
15 **pacta constiterit**: „versprochen wurde, wie feststeht"

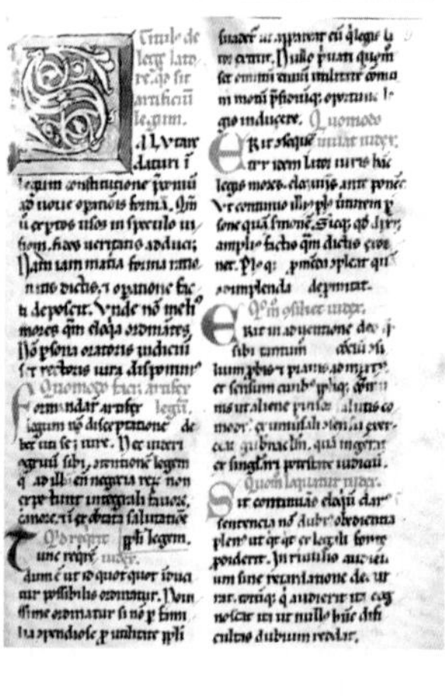

Leges Visigothorum. Handschrift aus dem XII. Jahrhundert

Abtreibung

Si quis mulieri pregnanti[1] potionem ad aborsum[2] aut pro necando infante dederit, occidatur, et mulier, que[1] potionem ad[3] vorsum facere quesivit[1], si ancilla est, CC flagella suscipiat; si ingenua[4] est, careat dignitate persone[1] et cui[5] iusserimus servitura[6] tradatur. (VI,3,1)

Verletzung eines fremden Sklaven

Si quis ingenuus servum alienum volens debilitaverit, alterum paris meriti[7] servum domino eius dare non moretur; illum vero debilem[8] suo istudio[9] et sumtu ad curandum, donec recipiat sanitatem, retineat; Postea vero, si sanari potuerit, pro vulnere compositio[10] detur, ut iustum visum fuerit iudicanti. Hac[11] si postea domino servus reddatur incolomis[12], et[13] suum[14] recipiat. Insuper autem pro facti temeritate, ut cedem[15] evadat, pro eo, quod servum alienum vulnerare presumit[1], X solidos[16] domino servi persolvat. (VI,4,8)

Tötung ohne Absicht

Quicumque nesciens hominem occiderit et nullum contra eum odium habuerit, iuxta Domini vocem[17] reus mortis non erit. Non enim est iustum, ut illum homicide[1] damnum aut pena[18] percutiat, quem voluntas homicidii non cruentat. (VI,5,1)
Si quis hominem, dum eum non videt, stantem, venientem vel praetereuntem ignorando[19] occiderit, si nulla occasio inimicitie[1] ante cum eo fuit et ille nolens homicidium amiserit[20] idque ante iudicem hoc potuerit adprobare[21], securus abscedat. (VI,5,2)

1 *mittellat. Schreibung*: **e = ae**
2 **aborsus = abortus**, abortus *m.*: Fehlgeburt; Frühgeburt
3 **ad vorsum facere = ad abortum faciendum**
4 **ingenuus**, -a, -um: frei geboren
5 *Ordne*: **et tradatur servitura ei, cui iusserimus**
6 **servitura**: um ihm (als Sklavin) zu dienen
7 **paris meriti** (*Gen.*): von gleichem Wert
8 *Ergänze*: **servum**
9 **istudio et sumtu = studio et sumptu**
10 **compositio**, compositionis *f.*: Buße, Bußgeld
11 **hac**: *bezogen auf* **compositio**
12 **incolomis = incolumis**
13 **et = etiam**
14 **suum**: „als den Seinen“
15 **cedem = caedem**
16 **solidus**, -i *m.*: Goldmünze
17 **vox**, vocis *f.*: *hier*: Wort
18 **pena = poena**
19 **ignorando**: ohne es zu wissen
20 **amiserit = commiserit**
21 **adprobo 1**: beweisen

Diebstahl

Si quis tintinabulum involaverit[1] de iumento vel bove, solidum[2] reddat; de vacca[3] tremisses[4] duos, de verbicibus[5] vel quibuscumque pecoribus tremisses singulos cogatur exsolvere. (VII,2,11)
Fur nocturnus captus in furtum[6], dum res furtivas secum portare conatur, si fuerit occisus, mors eius nullo modo vindicetur. (VII,2,16)

Geldfälschung

Qui solidos[2] adulteraverit, circumciderit[7] sive raserit, ubi[8] primum hoc iudex agnovit, statim eum conprehendat, et si servus fuerit, eidem dextera manus abscidat. Quodsi postea in talibus causis fuerit inventus, regis presentie[9] destinetur, ut eius arbitrio super eum sententia[10] depromatur. Quodsi hoc iudex facere distulerit[11], ipse de rerum suarum bonis quartam partem amittat, que[12] omnismodis[13] fisco proficiat. Quod si ingenuus sit, qui hoc faciat, bona eius ex medietate fiscus adquirat; humilior[14] vero statum libertatis sue[12] perdat, cui rex iusserit, servitio deputandus[15]. Qui autem falsam monetam sculpserit sive formaverit, quecumque[12] persona sit, simili pene[16] sententie subiacebit. (VII,6,2)

ACTIVA ET CONTEMPLATIVA

- Vergleiche die mittelalterlichen Gesetzestexte mit den antik-römischen (Seite 60 ff.), auch hinsichtlich der Schwere der Bestrafung einzelner Delikte! Wo wurden Anleihen beim römischen Recht gemacht?

[1] **involo 1**: wegnehmen
[2] **solidus**, -i *m.*: Goldmünze
[3] *Ergänze*: **si quis tintinabulum involaverit de vacca**
[4] **tremissis**, tremissis *m.*: Goldmünze (*Wert: 1/3 eines Solidus*)
[5] **verbex**, verbicis *m.* (= **vervex**): Hammel
[6] **in furtum**: beim Diebstahl
[7] **circumcido 3**, circumcidi, -cisum: ringsum abschneiden; (im Wert) vermindern
[8] **ubi primum**: sobald
[9] **presentie = praesentiae**
[10] **sententiam depromere**: ein Urteil bekannt geben
[11] **differo**, -fers, -ferre, distuli, -latum: aufschieben
[12] *mittellat. Schreibung*: **e = ae**
[13] **omnismodis**: in jeder Weise
[14] *Ergänze*: **homo**
[15] **deputo 1**: vorsehen (*für*)
[16] **pene sententie = poenae sententiae**

Sprichwörter, Floskeln, Fachbegriffe

Eine kleine Auswahl soll die Vielfalt zeigen und zur Suche nach weiteren Beispielen anregen.

- Übersetze die Sprichwörter links und prüfe sie auf ihren (noch immer gültigen?) Gehalt!
- Ordne die Termini rechts ihren lateinischen Wurzeln zu!

Sprichwörter & Floskeln		**Der klassische Krimi**[3]	
Audiatur et altera pars		Advokat	***advocare*** „herbeirufen“
Bis de eadem re ne sit actio.		Alibi	…
Ignorantia legis neminem excusat.		Delinquent	…
Vis maior		Detektiv	…
Qui tacet, consentire videtur.		FBI[4]	
Res mobilis res vilis		Finte	
Roma locuta causa finita <est>[1]		Folter	
Suum cuique		in flagranti[5]	
Summum ius summa iniuria		Informant	
Tres faciunt collegium.		kombinieren	
Ubi periculum, ibi lucrum		Kommissar	
ex aequo et bono		Kriminalpolizei	
bona fide		Kumpan	
de iure		observieren	
periculum in mora		Procedere	
contra legem		Projektil	
in absentia[2]		Prozess	
in dubio pro reo		Recherche	
alias		Revanche	
corpus delicti		Revolver	
procedere			
ad acta			
Cui bono?			

1 *aus dem Kirchenrecht*
2 *Ergänze*: des Angeklagten
3 *Siehe besonders*: Bernhard Kytzler – Lutz Redemund, Unser tägliches Latein. Philipp von Zabern, Mainz 2007
4 *Abkürzung für*: **F**ederal **B**ureau of **I**nvestigation
5 *Ergänze*: Zustand (*ursprünglich galt der Ausdruck nur für Brandstifter!*)

Latein als Sprache der Kirche

Die **Sprache der frühen Kirche** war an sich **Griechisch**, die allgemeine Verkehrssprache (**koinè**) der antiken Welt. Dies betraf nicht nur die Texte der Bibel, sondern auch den Gottesdienst, die Liturgie – das griechische leiturgía bedeutet „Dienst“. In der Spätantike schwand die Kenntnis des Griechischen im Westteil des römischen Reiches, sodass Papst Damasus I. (366 – 384) **Latein zur Liturgiesprache** der römischen Kirche machte. Bis weit ins Mittelalter hinein waren trotz mancher Bestrebungen zur Vereinheitlichung Ablauf und Wortlaut der Messfeiern regional mitunter sehr unterschiedlich. Erst im 13. Jhdt. fand das römische Messbuch nach und nach Verbreitung. 1570 wurde nach dem **Konzil von Trient** das **Missale Romanum** das allgemein verbindliche Messbuch der römisch katholischen Kirche.
Die lateinischen Messtexte (**„Kyrie“**, **„Gloria“**, **„Credo“**, **„Sanctus“** **„Benedictus“** und **„Agnus Dei“**) wurden vielfach vertont. Berühmt ist beispielsweise die **„Missa solemnis“** Beethovens. Erst seit den **Liturgiereformen** des **zweiten Vatikanischen Konzils** (1962 – 1964) erfolgen die Messfeiern verstärkt in den Nationalsprachen. Latein aber ist nach wie vor die **offizielle Amtssprache** der katholischen Kirche.

Häufige Vokabel im Kirchenlatein

alleluia (*Jubelruf*)	Halleluja (*hebr.: „Preist den Herrn!“*)
amen (*Gebetsschluss*)	Amen (*hebr.: „So sei es!“*)
benedico 3, benedixi, -dictum	preisen; segnen
caritas, caritatis *f.*	Liebe
Christus, -i *m.*	Christus (*griech.*: „Gesalbter“)
confiteor 2, confessus sum	bekennen
ecclesia, -ae *f.*	Kirche
gratia, -ae *f.*	Gnade; Dank; Einfluss
hosanna (*Jubelruf*)	Hosanna (*hebr.: „Hilf doch!“*)
Iesus, Iesu *m.* (*Vok.*: Iesu)	Jesus (*hebr.*: „Retter“)
incarnatus, -a, -um	Fleisch geworden
Maria, -ae *f.*	Maria (*Mutter Jesu*)
misereor 2, miseritus sum (+ *Gen.* oder *Dat.*)	sich erbarmen (+ *Gen.*)
omnipotens (*Gen.*: omnipotentis)	allmächtig
peccatum, -i *n.*	Sünde
resurgo 3, resurrexi, -rectum	auferstehen
sacer, sacra, sacrum	heilig
sanctus, -a, -um	heilig; ehrwürdig; unverletzlich
scriptura, -ae *f.*	Schrift
spiritus, spiritus *m.*	Geist
unigenitus, -a, -um	einziggeboren

Gloria

Gloria in excelsis Deo et in terra pax hominibus bonae[1] voluntatis. Laudamus te, benedicimus te, adoramus te, glorificamus[2] te. Gratias agimus tibi propter magnam gloriam tuam, Domine Deus, Rex caelestis[3], Deus Pater omnipotens. Domine Fili unigenite, Iesu Christe, Domine Deus, Agnus[4] Dei, Filius[4] Patris, qui tollis peccata mundi, miserere nobis, qui tollis peccata mundi, suscipe deprecationem[5] nostram, qui sedes ad dexteram Patris, miserere nobis, quoniam tu solus Sanctus, tu solus Dominus, tu solus Altissimus, Iesu Christe, cum Sancto Spiritu: in gloria Dei Patris. Amen.

***Die lateinischen Gebetstexte** sind jeweils nach ihrem Anfang benannt. Das* **Gloria** *gehört zu den ältesten christlichen Gebeten überhaupt. Teile wurden schon im 2. Jhdt. als Hymnus gesungen. Die heutige Form geht in ihrer griechischen Fassung auf das 5. Jhdt. zurück, lateinisch lässt sie sich so ab dem 7. Jhdt. nachweisen. Seit dem 11. Jhdt ist das „Gloria" fester Bestandteil der Sonn- und Feiertagsmessen außerhalb der Bußzeiten (Advent und Fastenzeit).*

1 **bonae voluntatis** (*Bereichsgenitiv*): mit Wohlwollen (bei Gott)
2 **glorifico 1**: rühmen
3 **caelestis**, caeleste: himmlisch
4 **agnus / filius** (*Nom. hier als Vok. verwendet!*): Opferlamm (*Symbol für Jesus, der durch seinen Tod am Kreuz die Welt erlöst*)
5 **deprecatio**, deprecationis *f.*: Gebet

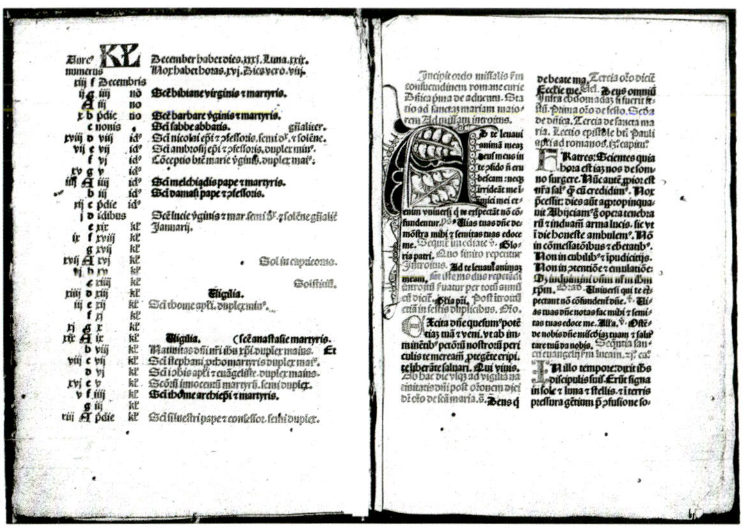

Missale Romanum (früher Buchdruck, 1484. Nürnberg)

Credo

Credo in unum Deum, Patrem omnipotentem, factorem caeli et terrae, visibilium[1] omnium et invisibilium[1], et in unum Dominum Iesum Christum, Filium Dei unigenitum, et ex Patre natum ante omnia saecula, Deum de Deo, lumen de lumine, Deum verum de Deo vero, genitum, non factum, consubstantialem[2] Patri; per quem omnia facta sunt, qui propter nos homines et propter nostram salutem descendit de caelis et incarnatus est de Spiritu Sancto ex Maria Virgine, et homo factus est; crucifixus[3] etiam pro nobis sub Pontio[4] Pilato passus et sepultus[5] est; et resurrexit tertiā die secundum[6] Scripturas et ascendit in caelum: sedet ad dexteram Patris; et iterum venturus est cum gloria, iudicare vivos et mortuos; cuius regni non erit finis; et in[7] Spiritum Sanctum, Dominum et vivificantem[8], qui ex Patre Filioque procedit, qui cum Patre et Filio simul adoratur et conglorificatur[9], qui locutus est per prophetas; et unam[7], sanctam, catholicam[10] et apostolicam[11] Ecclesiam. Confiteor unum baptisma[12] in remissionem[13] peccatorum. Et exspecto resurrectionem[14] mortuorum, et vitam venturi saeculi. Amen.

Das **Credo** *oder* ***Glaubensbekenntnis*** *(auch:* „sýmbolum“, „fides“*) wurde ursprünglich im Taufunterricht gelernt und bei der* ***Taufe*** *vor dem Priester abgelegt. Seit dem 11. Jhdt. gehört es fix zur römischen Sonntagsliturgie. Die älteste Fassung, das* ***Apostolische Glaubensbekenntnis*** *(„fides apostolica“), das der Überlieferung nach auf die* ***Apostel*** *selbst zurückgeht, ist im deutschen Sprachraum bis heute in Verwendung. Im römischen Messkanon wurde allerdings das Große Glaubensbekenntnis aufgenommen, das unter Berufung auf die beiden ersten* ***ökumenischen Konzilien*** *von* ***Nikaia*** *(325 n. Chr.) und* ***Konstantinopel*** *(381 n. Chr.) auch das nicäno-konstantinopolitanische genannt wird.*

1 **(in)visibilis**, (in)visibile: (un)sichtbar
2 **consubstantialis**, consubstantiale (+ *Dat.*): wesensgleich (*mit*)
3 **crucifixus**, -a, -um: gekreuzigt
4 **Pontius Pilatus**: *röm. Präfekt in Judäa*
5 **sepelio 4**, sepelivi, sepultum: begraben
6 **secundum** (+ *Akk.*): gemäß; **secundum scripturas ‹sanctas›**
7 *ergänze*: **credo**
8 **vivifico 1**: lebendig machen
9 **conglorifico 1**: verherrlichen
10 **catholicus**, -a, -um: katholisch
11 **apostolicus**, -a, -um: apostolisch
12 **baptisma**, baptismatis *n.*: Taufe
13 **in remissionem**: zur Vergebung
14 **resurrectio**, resurrectionis *f.*: Auferstehung

Sanctus

Das ***„Sanctus"*** *ist wie das griechische* ***„Kyrie"***[1], ***„Gloria"*** *und* ***„Credo"*** *fester Bestandteil der Messe:*

Sanctus, sanctus, sanctus Dominus, Deus Sabaoth[2].
Pleni sunt caeli et terra gloriā tuā. Hosanna in excelsis.
Benedictus, qui venit in nomine Domini. Hosanna in excelsis.

Agnus Dei

Agnus Dei *(****„Lamm Gottes"****) ist ein seit ältester Zeit im Christentum verbreitetes Symbol für Jesus Christus*

Agnus Dei, qui tollis peccata mundi, miserere nobis!
Agnus Dei, qui tollis peccata mundi, miserere nobis!
Agnus Dei, qui tollis peccata mundi, dona nobis pacem!

Pater noster

Das ***„Pater noster"*** *ist das bekannteste christliche Gebet. Es wird auch als* ***Gebet des Herrn*** *(„oratio dominica") bezeichnet und wird vom* ***Evangelisten Matthäus*** *als Teil der* ***Bergpredigt*** *überliefert (Mt 6,9ff).*

Pater noster, qui es in caelis, sanctificetur[3] nomen tuum, adveniat regnum tuum, fiat voluntas tua, sicut in caelo et in terra. Panem nostrum cotidianum[4] da nobis hodie et dimitte[5] nobis debita[6] nostra, sicut et nos dimittimus[5] debitoribus[7] nostris; et ne nos inducas[8] in tentationem[9], sed libera nos a malo. Quia tuum est regnum et potestas et gloria in saecula[10]. Amen.

Ave Maria

Mit dem „Ave Maria" wird von der Kirche die Mutter Jesu angerufen. Es beginnt mit den Worten, mit denen (nach dem ***Evangelisten Lukas****, Lk.28) der* ***Erzengel Gabriel*** *bei der* ***Verkündigung*** *Maria begrüßt. Das Gebet, das deshalb auch* ***„Englischer Gruß"*** *(= Gruß des Engels) heißt, wird beim Rosenkranzgebet litaneiartig immer wieder wiederholt. Bedeutsame Vertonungen stammen von Franz* ***Schubert*** *und Charles* ***Gounod****.*

Ave[11], Maria gratiā plena, Dominus tecum, benedicta tu in mulieribus et benedictus fructus ventris tui, Iesus. Sancta Maria, mater Dei, ora pro nobis peccatoribus[12] nunc et in hora mortis nostrae! Amen.

1 **Kyrie eleison, Christe eleison, Kyrie eleison** (*Herr, erbarme Dich! Christus, erbarme Dich! Herr, erbarme Dich*)
2 **Sabaoth** (*hebr.*): der Heerscharen
3 **sanctifico 1**: heiligen; heilig machen
4 **cotidianus**, -a, -um: täglich
5 **dimitto 3**, dimisi, -missum: erlassen; vergeben
6 **debitum**, -i *n.*: Schuld
7 **debitor**, debitoris *m.*: Schuldner
8 **induco 3**, induxi, -ductum: verleiten; führen
9 **tentatio**, tentationis *f.*: Versuchung
10 **in saecula**: in Ewigkeit
11 **ave**: sei gegrüßt
12 **peccator**, peccatoris *m.*: Sünder

ACTIVA ET CONTEMPLATIVA

- Findet eine oder mehrere Vertonungen der lateinischen Messe und hört sie euch an. Fächerübergreifendes Arbeiten mit Musik oder Religion bietet sich dabei an.
- Hört euch das „Ave Maria" Schuberts und/oder Gounods an. Zu welchen Gelegenheiten wird es auch heute noch gerne vorgetragen?

Deus caritas est

Im Jänner 2006 veröffentlichte Papst Benedikt XVI. eine viel beachtete Enzyklika mit dem Titel „Deus caritas est". Darin untersucht der Papst zunächst die Vielschichtigkeit des Begriffs „Liebe", um schließlich auf die christliche Nächstenliebe zu sprechen zu kommen:

Exstare[1] sic potest proximi amor, quem Sacra Scriptura, Iesus enuntiarunt. Is quidem sibi vult me in Deo et cum Deo amare etiam personam, quae mihi non probatur vel quam non novi. Id effici solummodo[2] potest intime[3] Deo conveniendo[4], ubi haec congressio[5] facta est voluntatis communio atque usque ad animi affectionem[6] pervenit. Tunc non modo meis oculis meisque affectionibus[6], sed ad Iesu Christi mensuram[7] alteram personam respicere[8] disco. Eius amicus meus est amicus. Praeter externam[9] alterius speciem eius interiorem exspectationem amoris actūs[10], observantiae[11] conspicio, quae non solum quaedam per instituta[12] ad illud propositum destinata[13] ei ostendo ac ministro[14], eundem accipiens, necessitate aliqua politica[15] coactus. Christi oculis inspicio ac alteri plus quam extrinsecus[16] necessaria tribuere possum: tribuere ei possum amoris contuitum[17], quo ille indiget[18]. Hic reciproca[19] ac necessaria actio inter Dei amorem ac amorem proximi manifestatur[20]. (…)

1 **exsto 1**: *hier*: sich zeigen; **Sacra Scriptura <et> Iesus enuntia<ve>runt**
2 **solummodo** (*Adv.*): nur
3 **intimus**, -a, -um: innerlich
4 **convenio 4**, conveni, -ventum: *hier*: treffen
5 **congressio**, congressionis *f.*: Begegnung
6 **affectio**, affectionis *f.*: Gefühl; Stimmung
7 **mensura**, -ae *f.*: Maß
8 **respicio 3**, respexi, -spectum **ad** (+ *Akk.*): hinschauen (*auf*)
9 **externus**, -a, -um: äußerlich
10 **amoris actus** (actus *m.*): Liebestat
11 **observantia**, -ae *f.*: Beachtung; **amoris actūs <et> observantiae**: *übersetze Gen. mit* auf (*Gen.obi. zu*: **exspectationem**)
12 **institutum**, -i *n.*: Organisation
13 **destinatus** (-a, -um) **ad illud propositum**: für diesen Zweck bestimmt
14 **ministro 1**: bieten
15 **politicus**, -a, -um: politisch
16 **extrinsecus** (*Adv.*): äußerlich
17 **contuitus**, contuitus *m.*: Blick
18 **indigeo 2** (+ *Abl.*): nötig haben
19 **reciprocus**, -a, -um: wechselseitig
20 **manifesto 1**: sichtbar machen

Papst Benedikt XVI.

Si quidem cum Deo consuetudo[1] meā in vitā omnino deest, in altero semper alterum solummodo[2] cerno, sed in eo divinam imaginem agnoscere[3] nequeo[4]. Sin autem meā in vitā omnibus ex partibus alterum observandum non curo, cum „pius[5]“ tantum esse et „religiosa officia“ complere velim, tum vero cum Deo etiam necessitudo[6] arescit[7]. Tum autem haec consuetudo[1] tantummodo[2] „recta[8]“ est, sed absque amore. Mea solum proximi conveniendi[9] promptitudo[10], ut ei amor significetur, coram[11] Deo quoque me sensibilem[12] reddit. Tantum proximi famulatus[13] id patefacit mihi, quod Deus pro me efficit, et significat, quo pacto[14] me ipse amet. (...) Amor Dei proximique amor seiungi non possunt; unum est mandatum[15]. At uterque amore fruitur, qui ex Deo manat[16], qui primus nos dilexit. De „mandato[15]“ sic non agitur[17] externo[18], quod iubet, quae fieri non possunt, sed de amoris experientiā intrinsecus[19] datā, atque amor hic suā ex naturā cum aliis ultro[20] est communicandus[21]. Amor per amorem adolescit[22]. Amor „divinus“ est, quoniam ex Deo procedit isque nos cum Deo coniungit et hoc[23] in unitatis processu in[24] quiddam veluti „Nos“ convertit, quod nostras partitiones[25] praetergreditur[26] et efficit, ut unum fiamus, ita, ut postremo Deus sit „omnia in omnibus“[27].

1 **consuetudo**, consuetudinis *f.*: *hier*: Beziehung
2 **solummodo = tantummodo** (*Adv.*): nur
3 **agnosco 3**, agnovi, -gnitum: erkennen
4 **nequeo**, -is, -ire: nicht können
5 **pius**, -a, -um: fromm
6 **necessitudo**, necessitudinis *f.*: *hier*: Verbindung
7 **aresco 3**, arui, –: verdorren
8 **rectus**, -a, -um: *hier*: korrekt
9 **convenio 4**, conveni, -ventum: *hier*: treffen
10 **promptitudo**, promptitudinis *f.*: Bereitschaft
11 **coram** (+ *Abl.*): vor
12 **sensibilis**, sensibile: empfindsam
13 **famulatus**, famulatus *m.*: Dienst
14 **quo pacto = quomodo**
15 **mandatum**, -i *n.*: Gebot
16 **mano 1**: entspringen
17 **agitur de** (+ *Abl.*): es handelt sich (*um*)
18 **externus**, -a, -um: von außen; **externo** *gehört zu*: **de mandato**
19 **intrinsecus** (*Adv.*): innerlich
20 **ultro** (*Adv.*): von sich aus
21 **communico 1**: weiter geben
22 **adolesco 3**, adolevi, -oletum: heranwachsen
23 **hōc in unitatis processu**: in diesem Einigungsprozess
24 **in quiddam veluti „Nos“ ..., quod ...**: gewissermaßen in ein „Wir“ ..., das ...
25 **partitio**, partitionis *f.*: Trennung
26 **praetergredior**, praetergrederis, praetergredi, praetergressus sum: überwinden
27 *NT, 1 Kor 15, 28*

ACTIVA ET CONTEMPLATIVA

- Wie soll der Christ seinem Nächsten begegnen? Wen soll er in ihm wieder erkennen?
- Wie lauten die beiden christlichen Hauptgebote, die hier eine Einheit bilden?

Alphabetisches Verzeichnis der Lernvokabel

A

absolutus, -a, -um	rein	41
absque (+ *Abl.*)	ohne	53
abstineo 2, abstinui, -tentum	sich enthalten	11
acetum, -i *n.*	Essig	43
actio, actionis *f.*	Klage	60
acutus, -a, -um	heftig; akut	13
addo 3, addidi, -ditum.	hinzufügen	27
adeo (*Adv.*)	so sehr	9, 39
adhibeo 2	hinzuziehen; verwenden	11
adoro 1	anbeten; verehren	55
adversus (+ *Akk.*)	gegen	63
adversus, -a, -um	widrig	7
aeger, aegra, aegrum	krank	7
aegritudo, aegritudinis *f.*	Krankheit	7, 55
aegroto 1	krank sein	7
aequitas, aequitatis *f.*	Gerechtigkeit	55
aër, aëris *m.*	Luft	13, 31
Aesculapius, -i *m.*	Äskulap (*Heilgott*)	9
aestas, aestatis *f.*	Sommer	53
aetas, aetatis *f.*	Altersstufe	63
aeternus, -a, -um	ewig	33, 49
ago 3, egi, actum	treiben; verhandeln; tun	43
ait	er/sie sagt	69
alleluia (*Jubelruf*)	Halleluja	74
ambulatio, ambulationis *f.*	Spaziergang	17
amen (*Gebetsschluss*)	Amen	74
amnis, amnis *m.*	Fluss	55
amor, amoris *m.*	Liebe	55
amoveo 2, amovi, -motum	entfernen	65
amplius (*Adv.*)	mehr	15
an	ob; oder	51, 67
animal, animalis *n.* (*I-Dekl.*)	Tier; Lebewesen	21, 28
animus, -i *m.*	Geist; Sinn; Gesinnung	49
antiquus, -a, -um	alt	31
Apollo, Apollinis *m.*	Apoll (*Heilgott*)	9
appareo 2, apparui, –	sich zeigen	63, 69
arbor, arboris *f.*	Baum	67
argentum, -i *n.*	Silber; Geld	65
arteria, -ae *f.*	Arterie; Schlagader	21
attineo 2, attinui, -tentum (+ *Akk.*)	sich beziehen (*auf*)	55
auctor, auctoris *m.*	Autor; Befürworter; Ratgeber	27
auctoritas, auctoritatis *f.*	Autorität; Ansehen	21
aurum, -i *n.*	Gold	28
avis, avis *f.*	Vogel	39

B

bal(i)neum, -i *n.*	Bad	7
benedico 3, benedixi, -dictum	preisen; segnen	74
bibo 3, bibi, –	trinken	17
bis	zweimal	15

C

calidus, -a, -um	warm	7, 39
careo 2, -ui, – (+ *Abl.*)	entbehren	67
caritas, caritatis *f.*	Liebe	74
casus, casus *m.*	das Fallen; Zufall	67
caveo 2, cavi, cautum (**ne** + *Konj.*)	sich hüten (*dass*)	15
celebro 1	feiern	11
cena, -ae *f.*	Abendessen	65
Christus, -i *m.*	Christus	74
cibus, -i *m.*	Speise	7
circulus, -i *m.*	Kreisbahn	51
clarus, -a, -um	hell; laut	17
cogito 1	nachdenken	51
color, coloris *m.*	Farbe	27
committo 3, commisi, -missum	anvertrauen; begehen	63, 69
commodus, -a, -um	vorteilhaft; passend	9, 17
communis, commune	gemeinsam; allgemein	7, 31

complector, complecteris, complecti, complexus sum	umfassen	49
compono 3, composui, -positum	zusammenfügen	31
concoquo 3, concoxi, -coctum	verdauen	7
confero, -fers, -ferre, contuli, collatum	*unpers.*: es ist zuträglich	11
confiteor 2, confessus sum	bekennen	74
congruo 3, congrui, – (+ *Dat.*)	entsprechen	13
conquiesco 3, conquievi, –	zur Ruhe kommen	17
consensus, consensus *m.*	Einverständnis	60
consentio 4, consensi, -sensum	zustimmen	63
consto 1, constiti, –	bestehen; bleiben; feststehen	33, 51, 63
consuetudo, consuetudinis *f.*	Gewohnheit	69
contendo 3, contendi, – (+*AcI*)	behaupten; eilen; sich bemühen	21
(con)tero 3, trivi, tritum	zerreiben	27
contineo 2, continui, -tentum	behalten; zurückhalten; umfassen; enthalten	7, 49
contingo 3, contigi, -tactum	zuteil werden (*oft unpersönl.*)	11
contraho 3, contraxi,-tractum	(Vertrag) abschließen	60
contrarius, -a, -um	gegenteilig; entgegen gesetzt	11, 49
converto 3, converti, -versum	*pass.*: sich drehen; *aktiv*: (in eine neue Richtung) wenden	49
cor, cordis *n.*	Herz	7
corrumpo 3, corrupi, -ruptum	verderben	9
credo 3, credidi, creditum	(an)vertrauen; glauben	17
cresco 3, crevi, cretum	wachsen	13

crimen, criminis *n.*	Verbrechen	60
crudus, -a, -um	roh	17
culpa, -ae *f.*	Schuld	60
cum ... tum	sowohl ... als auch	11
cuncti, -ae, -a	alle	31, 49
cupidus, -a, -um (+ *Gen.*)	zugetan; gierig	17
curatio, 1curationis *f.*	Heilung; Heilmethode	7, 67
curo 1	behandeln; sich sorgen (*um*)	7
cursus, cursus *m.*	Lauf; Bahn; Strömung	13, 17, 28

D

decido 3, décidi, –	herunter fallen	67
decoquo 3, decoxi, -coctum **ex** (+*Abl.*)	abkochen (*in*)	27
deicio 3, deieci, -iectum	(herunter)werfen	67, 69
demum *(Adv.)*	zuletzt	33
denique (*Adv.*)	schließlich	21
deprehendo 3, deprehendi, -prensum	ergreifen	53
descendo 3, descendi, -scensum	herabsteigen	53, 55
dexter, dextra, dextrum	rechts	21
diaeta, -ae *f.*	gesunde Lebensweise	9
disco 3, didici, –	lernen	55
diversus, -a, -um	verschieden	31
dolor, doloris *m.*	Schmerz	7
dolus, -i *m.*	List; Vorsatz	60
dubius, -a, -um	zweifelhaft	39
dum *(Konjunktion)*	bis	33
durus, -a, -um	hart	43

E

ecclesia, -ae *f.*	Kirche	74
edictum, -i *n.*	Verfügung	60
effodio 3, effodi, -fossum	ausgraben	41
egeo 2, egui, –	nötig haben	15
elementum, -i *n.*	Element; Grundstoff	13, 31
emergo 3, emersi, -mersum	auftauchen	39

exemplum, -i *n.*	Beispiel	17
exerceo 2	üben	15, 17
exercitatio, exercitationis *f.*	Übung	15, 17
exiguus, -a, -um	winzig	53
experientia, -ae *f.*	Erfahrung	21
experior, experiris, experiri, expertus sum	erproben; prüfen	51
extra (+ *Akk.*)	außerhalb	65

F

fames, famis *f.*	Hunger	43
fatigatio, fatigationis *f.*	Erschöpfung	17
fatigo 1	ermüden	55
felicitas, felicitatis *f.*	Glück	41
fero, fers, ferre, tuli, latum	*pass.*: eilen; *akt.*: tragen; bringen	49, 53
ferrum, -i *n.*	Eisen	43
fingo 3, finxi, fictum	darstellen	51
fixus, -a, -um	fixiert	53
flatus, flatus *m.*	Wind	39
folium, -i *n.*	Blatt	27
fons, fontis *m.*	Quelle	39
fraus, fraudis *f.*	Betrug	60
frequens (*Gen.*: frequentis)	häufig	15, 69
frigidus, -a, -um	kalt	7
fumus, -i *m.*	Rauch	43
fundo 3, fudi, fusum	ausschütten	41
furtum, -i *n.*	Diebstahl	60

G

generalis, generale	allgemein	65
gero 3, gessi, gestum	(durch)führen	63
gigno 3, genui, genitum	hervorbringen	41
gratia, -ae *f.*	Gnade; Dank; Einfluss	74

H

herba, -ae *f.*	Kraut	27
hiatus, hiatus *m.*	Öffnung	39
hodie (*Adv.*)	heute	63
hosanna (*Jubelruf*)	Hosanna	74
humidus, -a, -um	feucht; flüssig	7
humor, humoris *m.*	Flüssigkeit; Feuchtigkeit	7

I

ideo (*Adv.*)	daher	63
Iesus, Iesu *m.* (*Vok.*: Iesu)	Jesus	74
igitur	also	7, 51
immo (*Adv.*)	ja (*berichtigend*); nein (*ablehnend*)	11, 35
immo (vero)	ja (sogar)	55
imperium, -i *n.*	Befehl; Reich; Herrschaft; Befehlsgewalt	55
in perpetuum	auf immer	11
inanis, inane	leer; wertlos	35
incarnatus, -a, -um	Fleisch geworden	74
infirmus, -a, -um	schwach	63
ingredior, ingréderis, ingredi, ingressus sum	betreten	11
inlino 3, inlevi, -litum.	bestreichen	27
inspicio 3, inspexi, -spectum	anschauen	53
instrumentum, -i *n.*	Instrument	53
integer, integra, integrum	unversehrt	7
integritas, integritatis *f.*	Unversehrtheit	13
intellectus, intellectus *m.*	Verständnis	55
interdum (*Adv.*)	bisweilen; manchmal	15, 65
intermitto 3, intermisi, -missum	unterlassen	15
inutilis, inutile	unbrauchbar	67
invito 1	einladen	55, 65
invitus, -a, -um	ohne Zustimmung	65
iuro 1 (+ *Akk.*)	schwören (*bei*)	9
ius, iuris *n.*	Gericht; Recht	60
iustus, -a, -um	gerecht	15

L

laboro 1	sich abmühen	9
laedo 3, laesi, laesum	verletzen; beschädigen	13, 67
lapis, lapidis *m.*	Stein	35

lassitudo, lassitudinis *f.*	Ermüdung	17
latus, lateris *n.*	Seite	41, 43
lex, legis *f.*	Gesetz; Regelmäßigkeit	7, 60
libra, -ae *f.*	(röm.) Pfund	41, 43
lucerna, -ae *f.*	Laterne	43
lumen, luminis *n.*	Licht	28
luna, -ae *f.*	Mond	28

M

magnes, magnetis *m.*	Magnetstein	35
malum, -i *n.*	Übel	7
malus, -a, -um	böse; schlecht	65, 69
mane (*Adv.*)	in der Früh	17
Maria, -ae *f.*	Maria (*Mutter Jesu*)	74
materia, -ae *f.*	Stoff	35
maturus, -a, -um	frühzeitig	15
medeor 2 (+ *Dat.*)	heilen	7
medicamentum, -i *n.*	Heilmittel	35
medicor 1	heilen	7
medicus, -i *m.*	Arzt	7, 67
melior, melius	besser	17
minor, minus	weniger; kleiner	17, 43
misceo 2, miscui, mixtum	vermischen	28, 43
misereor 2, miseritus sum (+ *Gen.*/*Dat.*)	sich erbarmen (+ *Gen.*)	74
modicus, -a, -um	mäßig	27
modo … modo	bald … bald	7, 53
moles, molis *f.*	(Körper-)Masse	55
motus, motus *m.*	Bewegung	28
muliebris, muliebre	Frauen-…	7
mundus, -i *m.*	Welt	28
munus, muneris *n.*	Geschenk; Aufgabe	49

N

narro 1	erzählen	21
naturalis, naturale	natürlich	63
necessarius, -a, -um	notwendig	7
necessitas, necessitatis *f.*	Notwendigkeit	7
negotium, -i *n.*	Geschäft	17
nitor, níteris, niti, nisus (*od.* nixus) sum	sich anstrengen	39

O

obligo 1	verpflichten; *pass.*: sich schuldig machen	15, 60
observatio, observationis *f.*	Aufmerksamkeit; Beobachtung	17, 21, 53
occasio, occasionis *f.*	Gelegenheit	51
omnipotens (*Gen.*: omnipotentis)	allmächtig	74
opera, -ae *f.*	Arbeit	43, 51, 67
operarius, -a, -um (+ *Gen.*)	tätig (*in*)	9
opinio, opinionis *f.*	Meinung	31
oportet 2, oportuit, –	es ist nötig	7
ops, opis *f.*	Hilfe	63
opus est (+ *Abl.*)	(*es*) ist nötig	17
orbis, orbis *m.*	Kreis; Welt	28
ordo, ordinis *m.*	Reihe	15

P

parum (*Adv.*)	(zu) wenig	17
pasco 3, pavi, pastum	weiden lassen	35
peccatum, -i *n.*	Sünde	74
percutio 3, percussi, -cussum	schlagen; treffen	69
permeo 1	durchwandern	21
permitto 3, permisi, -missum	erlauben	51, 65
piger, pigra, pigrum	zäh	35
placet	es findet Zustimmung	65
planeta, -ae *m.*	Planet	28
planus, -a, -um	eben; klar	17
plurimus, -a, -um	am meisten	15
pondus, ponderis *n.*	Gewicht	49
porro (*Adv.*)	weiters	9
possideo 2, possedi, possessum	besitzen	49
poto 1	trinken	27
praecipuus, -a, -um	hauptsächlich	53

praecordia, -orum *n.Pl.*	Magen	17
praesertim (*Adv.*)	besonders	11
praesto 1, praestiti, -stitum	leisten; zur Verfügung stellen	67, 69
praetereo, -is, -ire, praeterii, -itum	vorüber gehen	67
praetor, praetoris *m.*	Prätor (*röm. Beamter*)	63
principium, -i *n.*	Grundlage	21
pro (+ *Abl.*)	im Verhältnis (*zu*); für	9, 17
profundum, -i *n.*	Tiefe	43
propono 3, proposui, -positum	vorlegen	63
prosum, -es, prodesse, profui, –	nützen	15, 33
protinus (*Adv.*)	zusammenhängend	41
prout	so wie	53
provideo 2, providi, -visum	vorhersehen	67
pulmo, pulmonis *m.*	Lunge	7
purifico 1	reinigen	55

Q

qualis, quale	wie (beschaffen)	53, 65
quamvis	wenn auch	51, 63, 69
quippe	denn	55

R

rarus, -a, -um	selten	28
ratio, rationis *f.*	Vernunft; Art; Berechnung; Ansicht	7, 28
rectus, -a, -um	gerade	53
reddo 3, reddidi, -ditum	machen (*zu etw.*); zurückgeben	7
regio, regionis *f.*	Gebiet	49
rego 3, rexi, rectum	lenken	36
remedium, -i *n.*	Heilmittel	27
reor, reris, reri, ratus sum	halten für	39
reperio 3, repperi, -pertum	finden; auffinden	28
repleo 2, replevi, -pletum	anfüllen	15
resurgo 3, resurrexi, -rectum	auferstehen	74
rigor, rigoris *m.*	Härte	35
rumpo 3, rupi, ruptum	brechen	43

S

sacer, sacra, sacrum	heilig	74
sal, salis *m.*	Salz	27
saluto 1	grüßen	55
sanctus, -a, -um	heilig; ehrwürdig; unverletzlich	74
sane (*Adv.*)	allerdings	65, 69
sanguis, sanguinis *m.*	Blut	7
sanitas, sanitatis *f.*	Gesundheit	7
sano 1	heilen	7, 35
sanus, -a, -um	gesund	7
saxum, -i *n.*	Stein	35
scilicet (*Adv.*)	offensichtlich	31, 39, 53
scriptura, -ae *f.*	Schrift	74
seco 1, secui, sectum	schneiden	9
secundus, -a, -um	günstig; gut	7
semel	einmal	15
semen, seminis *n.*	Same; Grundstoff	27, 33
senectus, senectutis *f.*	Greisenalter	15
sensus, sensus *m.*	Wahrnehmung; Empfindung	21, 35
servo 1	bewahren; einhalten	7
seu	oder	31
sicut	so wie	13
sidus, sideris *n.*	Gestirn	28
simplex, (*Gen.*: simplicis)	einfach	31
sinister, sinistra, sinistrum	links	21
sinus, sinus *m.*	Bucht	39
siquidem	weil ja	7
sisto 3, stiti, –	hemmen	35
sive / seu	sei es, dass	11
solidus, -a, -um	fest	33
solum, -i *n.*	Boden	39
spatium, -i *n.*	Raum; Zeitraum	28
species, speciei *f.*	Art	31
spiritus, spiritus *m.*	Lufthauch; Geist	31, 74
stella, -ae *f.*	Stern	28

subicio 3, subieci, -iectum	unterwerfen	49
subinde (*Adv.*)	gleich darauf	21
subsum, subes, subesse, –	darunter sein	41
sucus, -i *m.*	Saft	27
sudor, sudoris *m.*	Schweiß	17
surgo 3, surrexi, -rectum	sich erheben	17
suscipio 3, suscepi, -ceptum	übernehmen	63
T		
tantum *(Adv.)*	nur	31
tellus, telluris *f.*	Erde	28
teneo 2, tenui, tentum (*Pass.* + *Gen.*)	haften (*für*)	60
terrestris, terrestre	Land-…	55
testis, testis *m.*	Zeuge	9
transfero, -ferre, transtuli, -latum	übertragen	65
tribuo 3, tribui, tributum	zuteilen; verleihen	35
tumor, tumoris *m.*	Geschwulst	27
tuto (*Adv.*)	sicher	17
U		
umquam (*Adv.*)	jemals	39, 51
unctio, unctionis *f.*	Massage	17
unigenitus, -a, -um	einziggeboren	74
uro 3, ussi, ustum	brennen	41
usque (*ad* + *Akk.*)	bis (*zu*)	63
usus, usus *m.*	Verwendung; Nutzen	65
uti (= ut)	wie	63
utique (*Adv.*)	jedenfalls	17
utrum (*indir. Fragesatz*)	ob	69
V		
valde (*Adv.*)	sehr	53
valeo 2, valui, –	können	39
valetudo, valetudinis *f.*	Gesundheitszustand	7
validus, -a, -um	stark	9
vapor, vaporis *m.*	Dampf	43
varius, -a, -um	verschiedenartig	15
-ve (*vgl.* **-que**)	oder	11, 60
vehemens (*Gen.*: vehementis)	heftig	69
vel	oder; wohl	7, 49, 60
vel … vel	entweder … oder	17
vena, -ae *f.*	(Metall-)Ader	21, 41
venenum, -i *n.*	Gift	9
ventriculus, i *m.*	Kammer; Magen	7
ventus, -i *m*	Wind	39
Venus, Veneris *f.*	Venus	49
versor 1	sich drehen; sich befinden	49, 53
versus, versus *m.*	Vers	33
via, -ae *f.*	Straße; Weg	53
virilis, virile	Männer-…; des Mannes	7, 63
vocabulum, -i *n.*	Benennung; Wort	31
voluptas, voluptatis *f.*	Vergnügen	55

Register

Autoren und Werke

Agricola, Georg (1494 – 1555), Stadtarzt und Bürgermeister in Chemnitz, forschte als Universalgelehrter im Bereich von Medizin, Pharmazie, Geschichte und Bergbau. Mit seinem Opus magnum *De re metallica Libri XII* (1556) schuf er sich den Ruf eines „Vaters der Mineralogie".

Bacon, Francis (1561 – 1626), englischer Philosoph. Mit seinem Werk *Novum Organum* gilt er als einer der Begründer eines modernen naturwissenschaftlichen Denkens, das sich auf die Ergebnisse von Experimenten stützt.

Celsus, Aulus Cornelius (1. Jhdt. n. Chr.), schrieb unter Kaiser Tiberius eine lateinische Enzyklopädie (*Artes*, „Künste"). Erhalten haben sich davon nur acht Bücher *De medicina*. Sie basieren auf griechischen Vorlagen und stellen für die Medizingeschichte der hellenistischen Zeit eine wichtige Quelle dar.

Cicero, M. Tullius (106 – 43 v. Chr.), röm. Ritter aus Südlatium; Redner, Anwalt und Politiker. Als „homo novus" schaffte er den Aufstieg bis zum Konsulat; zur Zeit des 1. Triumvirats bzw. später während Caesars Diktatur politisch kaltgestellt, betätigte sich Cicero als philosophischer Schriftsteller, der die griechische Philosophie seiner Zeit einem römischen Publikum in sprachlich ansprechender Form vorstellen wollte. Verfasser der philosophischen Dialoge *De re publica*, *De finibus bonorum et malorum*, *Tusculanae disputationes*, *De natura deorum* und *De officiis*. Nach Caesars Ermordung noch einmal politisch aktiv, wurde er schließlich auf Betreiben des Mark Anton ermordet.

Cornarius, Janus (1500 – 1558), Arzt und Vertreter der philologischen Heilkunde; aus Zwickau in Sachsen stammend. Studium in Wittenberg, Reisen durch Deutschland und Europa. Sammelte, edierte und übersetzte die Schriften der antiken griechischen Medizin (besonders die Werke Galens und das *Corpus Hippocraticum* samt dem Eid des Hippokrates) ins Lateinische; Freund des Erasmus von Rotterdam; erster Dekan der Medizinischen Fakultät in Jena.

Enzykliken: Rundschreiben der Päpste an Bischöfe und Gläubige in lat. Sprache, seit Leo XIII. (1878 – 1903) auch zu sozialen und gesellschaftspolitischen Fragen. Enzykliken werden nach ihren Anfangsworten zitiert (z. B. *Rerum Novarum*). 2006 veröffentlichte Papst Benedikt XVI. seine erste Enzyklika *Deus Caritas Est*.

Gaius, nur unter diesem Namen bekannter römischer Jurist und Autor, vermutlich aus einer Provinzstadt. Verfasste zwischen 130 und 180 n. Chr. u. a. die *Institutiones* (einzige Gesamtdarstellung der Elemente des röm. Rechts).

Gmelin, Johann Friedrich (1748 – 1804), deutscher Gelehrter, der v. a. in den Bereichen Chemie, technische Chemie und Pharmazie (Pflanzengifte, mineralische Gifte) forschte.

Harvey, William (1578 – 1657), Arzt, Anatom und Physiologe. Studium in Cambridge und Padua; Arztpraxis in London, Tätigkeit am Saint Bartholomew's Hospital; Lehrstuhl am Royal College of Physicians, Rektor am Merton-College in Oxford; königlicher Leibarzt bei Jakob I. und Karl I.. Seine bedeutendste wissenschaftliche Leistung war die Entdeckung des Blutkreislaufs (*Exercitatio anatomica de motu cordis et sanguinis in animalibus*, 1628).

Hildegard von Bingen (1098 – 1179), von vornehmer Herkunft, trat in den geistlichen Stand ein und wurde schließlich Äbtissin eines von ihr gegründeten Klosters bei Bingen. Schriften geistlichen Inhalts, pharmazeutische und naturkundliche Werke (*Causae et curae*, *Physica*). Daneben stand Hildegard auch in Kontakt mit Herrschern und Päpsten.

Hippokrates (ca. 460 – 370 v. Chr.), von der Insel Kos stammend. Begründer der Medizin als Wissenschaft und berühmtester Arzt der Antike. Unter seinem Namen kursieren rund 130 Schriften, davon stammt allerdings ungefähr die Hälfte nicht von ihm.

Isidor von Sevilla (um 570 – 636), Bischof im spanischen Sevilla; wichtiger Vermittler antiken Bildungsgutes an das Mittelalter. Neben historischen Werken wie der Chronik der Westgoten sind besonders seine *Etymologiae* bedeutsam, eine Enzyklopädie des zeitgenössischen Wissens in 20 Büchern.

Kopernikus, Nikolaus (1473 – 1543), Mathematiker und Astronom; überwand mit seinen Forschungen, die er vor allem im Werk *De revolutionibus orbium caelestium* (1543) darstellte, das geozentrische Weltbild und legte die entscheidenden Grundlagen zur Beschreibung des heliozentrischen Weltbilds, das unser heutiges Denken bestimmt.

Leges XII tabularum, erste Aufzeichnung (451 v. Chr.) des davor nur den Patriziern bekannten und von ihnen willkürlich ausgelegten römischen Gewohnheitsrechts durch ein Kollegium von *decemviri*. Quelle des gesamten römischen Rechts; wichtige Etappe im so genannten Ständekampf; auf zwölf Bronzetafeln öffentlich ausgestellt.

Leges Visigothorum, Sammelname für die Rechtsaufzeichnungen der Westgoten. Sie enthalten älteres germanisches Stammesrecht (entstanden 475 nach der Unabhängigkeit vom römischen Reich), spätrömisches Recht und den *Liber iudiciorum* (6. / 7. Jhdt).

T. **Lucretius** Carus (94 – 55 v. Chr.); römischer Philosoph und Dichter. Sein hexametrisches Lehrgedicht *De rerum natura* (in sechs Büchern) legt in Versform die ethischen bzw. physikalischen Lehren Epikurs und Demokrits dar (Atomlehre).

Linné, Carl von (1707 – 1778), schwedischer Naturforscher, schuf das erste hierarchische System zur Gruppierung und Benennung von Pflanzen und Lebewesen.

Marius, Simon (1573 – 1624), deutscher Astronom, entdeckte gleichzeitig mit Galileo Galilei die Jupitermonde. Verfasser des *Mundus Iovialis* (Nürnberg 1614).

Melanchthon, Philipp (1497 – 1560); bedeutender deutscher Humanist, Theologe und Lehrer in Wittenberg. Als Reformer der Schulen und Universitäten für ganz Deutschland bedeutend. Als enger Freund Luthers begründete er die wissenschaftliche Theologie der Reformation: *Confessio Augustana* (= Programm der evangelischen Kirche, 1530).

Navigatio Sancti Brendani, aus dem 9. Jhdt stammender Bericht über eine möglicherweise *nicht* fiktive Seereise des irischen Heiligen Brendan (6. Jhdt) auf dem Nordatlantik, mit vielen Märchenmotiven angereichert; starke Ähnlichkeit mit irischen Seefahrergeschichten; im Mittelalter weit verbreitet.

Paulus, Iulius (Ende des 2./Anfang des 3. Jhdt.s n. Chr.), Prätorianerpräfekt und Jurist; schrieb fünf Bücher *Sententiae*, denen auch später noch große Bedeutung beigemessen wurde.

C. **Plinius** Secundus **d. Ältere** (*Plinius maior*, 23 – 79 n. Chr.), römischer Flottenkommandant und Naturforscher; Onkel des durch seine Briefe bekannten *Plinius minor* (Plinius d. Jüngere). Plinius d. Ä. ist Verfasser einer *Naturalis Historia* in 37 Büchern, in der er eine umfassende Schilderung von Naturphänomenen gibt. Dieses Werk wurde zu einer der wichtigsten Enzyklopädien des europäischen Mittelalters. Seine anderen Werke (z.B. eines über den Germanischen Krieg) sind uns verloren.

Ptolemaios, Klaudios (latinisiert: Claudius Ptolemaeus) (2. Jhdt. n. Chr.), bedeutendster Astronom der Antike, Verfasser der *Megíste sýntaxis*, wirkte in Alexandria; Vertreter des geozentrischen Weltbildes.

Regimen sanitatis Salernitanum (12./13. Jhdt., Teile schon aus dem 10. Jhdt.), ein medizinisches Lehrgedicht in Hexametern, das im Laufe der Zeit erweitert bzw. in die Volkssprachen übersetzt wurde. Seine ungeheure Wirkung zeigt sich daran, dass es bis ins 19. Jhdt. immer wieder neu aufgelegt wurde.

Ulpianus, Domitius (geb. um 170, gest. 228), Jurist und Autor. Berater der Kaiser Septimius Severus, Caracalla und Severus Alexander sowie Verfasser zahlreicher Rechtskommentare.

Tipps zum Lesen und Surfen

• Medizin und Naturwissenschaften

Ahrens, Gerhard: Medizinisches und naturwissenschaftliches Latein. Langenscheidt, Leipzig/Berlin/München 1992

Karenberg, Axel: Amor, Äskulap & Co. Klassische Mythologie in der Sprache der modernen Medizin. Verlag Schattauer, Stuttgart 2005

Kintzinger, Martin: Wissen wird Macht. Bildung im Mittelalter. WBG, Darmstadt 2003

Kirchhoff, Jochen: Kopernikus. rororo-Biographie Nr. 347, 1996

Künzl, Ernst: Medizin in der Antike. Theiss, Stuttgart 2002

Künzl, Ernst: Himmelsgloben und Sternkarten. Astronomie und Astrologie in Vorzeit und Altertum. Theiss, Stuttgart 2005

Kytzler, Bernhard – Redemund, Lutz: Unser tägliches Latein. Lexikon des lateinischen Spracherbes. Philipp von Zabern, Mainz 2007

Meier-Brook, Claus: Latein für Biologen und Mediziner. Quelle&Meyer, Wiebelsheim 1999

Stückelberger, Alfred: Einführung in die antiken Naturwissenschaften. WBG, Darmstadt 1988

Keine Angst vor Doktorlatein. online-Broschüre der Patientenombudschaft Steiermark: www.verwaltung.steiermark.at/cms/dokumente/10002277/a227f69c/Keine%20Angst-neu.pdf

Funktion des Abakus: http://www.benjaminwrightson.de/abakus/homepage.htm

• Recht

Exempla iuris Romani. Römische Rechtstexte lateinisch-deutsch, hrsg. von Manfred Fuhrmann und Detlef Liebs. Beck-Texte im dtv (Nr. 5556), München 1988.

Ius-Iustitia-Iuris prudentia. Die Bedeutung des römischen Rechts im Spiegel lateinischer Quellen, hrsg. von Adolf Heltweg. Klett, Stuttgart 1990

Lateinische Rechtsregeln und Rechtssprichwörter. Zusammengestellt, übersetzt und erläutert von Detlef Liebs. Wissenschaftl. Buchgesellschaft, Darmstadt [4]1986

ABGB: www.internet4jurists.at/gesetze/gesetze.htm

Rechtsinformationssystem des Bundeskanzleramtes: www.ris.bka.gv.at/auswahl

Bildquellen

Umschlag:

Rembrandt Harmenszoon **van Rijn** (1606-1669), Die Anatomie des Dr. Tulp. Ölgemälde, 1632. Mauritshuis, Den Haag. CD-Rom Edition „The Yorck Project: 25000 Meisterwerke. Gemälde – Zeichnungen – Grafiken". Berlin 2003.

Bibliothèque nationale de France, Paris: 47 • CD-Rom Edition: „The Yorck Project: 25000 Meisterwerke. Gemälde – Zeichnungen – Grafiken". Berlin 2003: 15, 59 • Clendening History of Medicine Library, University of Kansas: 21 • De Re Metallica Libri XII: Zwölf Bücher vom Berg- und Hüttenwesen. VDI-Verlag, Berlin 1928: 44, 45 • Editio Theodoro-Palatina. Mateo, Mannheim 1996: 24, 35, 39, 53 • Graf, K. (2002): Bildnisse schreibender Frauen im Mittelalter. Schwabe&Co, Basel: 18 • Harris, N. (2001): Römisches Reich. Staatswesen, Alltagsleben, Kultur. Tosa, Wien: 11 • Langlotz, E. (1922): Griechische Vasenbilder. Edmund v. König, Heidelberg: 41 • de Lavoisier, A. L. (1789): Traité élémentaire de chimie. Cuchet, Paris: 37 • Library University of Leeds, UK: 19, 70 • Mazal, O. (1981): Pflanzen, Wurzeln, Säfte, Samen. Antike Heilkunst in Miniaturen des Wiener Dioskurides. Akademische Druck- und Verlagsanstalt, Graz: 27 • Metz, H. [Hrsg.] (1860): Die Bibel in Bildern, Leipzig 1860: 64 • Nationalmuseum Krakau, Dom Jana Matejki: 51 • ÖBV – Österreichischer Bundesverlag: 8, 29, 35, 38, 55, 57 • Seyffert, O. (1882): Lexikon der klassischen Altertumskunde. Bibliographisches Institut, Leipzig: 9 • The Harvard Classics. Scientific Papers, vol. 38 (1910). Collier& Sons, New York: 20 • Trippi, P. (2002): J. W. Waterhouse. Phaidon, London – New York: 17 • U.S. National Library of Medicine: 24